'틴틴 경제'시리즈는

2년 2개월 동안

중앙일보 경제 섹션 기자 30여 명이

참여하여 집필했으며

독자들의 열렬한 반응 속에

총 1백2회에 걸쳐 연재되었습니다.

이 책은 신문에 연재되었던 내용을

중심으로 수정, 보완하여 만든 것입니다.

'틴틴 경제'는 http://teenteen.joins.com을 통해

온라인을 통해서도 서비스되고 있습니다.

틴틴경제

집필진 : 김동섭, 김상우, 김영욱, 김원배, 김창규, 김태진, 나현철, 민병관, 서경호, 신혜경, 양선희, 원낙연, 유지상, 이상렬, 이세정, 이승녕, 이영렬, 이용택, 이은주, 이재광, 이효준, 임봉수, 장세정, 정제원, 조민근, 차진용, 최준호, 최형규, 표재용, 하재식, 하지윤, 허귀식, 허의도, 홍승일, 홍혜걸, 황성근(가나다 순)

틴틴경제

초판 1쇄 발행 2003년 5월 23일
초판 15쇄 발행 2009년 7월 30일

지은이 중앙일보 경제부 · 산업부

발행인 양원석
편집장 함명춘
편집자 임지원

펴낸 곳 랜덤하우스코리아(주)
주소 서울시 강남구 삼성동 159 오크우드호텔 별관 B2
편집문의 02-3466-8845 **구입문의** 02-3466-8955
홈페이지 www.randombooks.co.kr
등록 2004년 1월 15일 제2-3726호
값 9,800원

ISBN 978-89-906-2760-5 (13320)

중앙일보 경제부 · 산업부 | 지음

가정상비약 같은 경제 이야기, 틴틴경제

"내 강의는 냉장고야."

"왜요?"

"쿨하지."

어느 대학교 새내기들의 경제원론 수업시간의 한 장면입니다. 진짭니다. 지어낸 이야기가 아니고.

제 가까운 친구인 한 경제학 교수는 요즘 이런 식으로 강의를 합니다. 그의 이야기를 좀더 들어볼까요?

"얼마 전까지 '고딩'이었던 학생들을 상대로 경제학 강의를 하려면 '개콘'(《개그 콘서트》) 정도는 반드시 봐야지."

그래야 교수는 학생들과 코드를 맞출 수 있고, 그러면 학생들은 교수의 강의에 몰입한다는 겁니다. 그는 강단 이쪽에서 저쪽으로 걸어갈 때도 가끔은 "five, six, seven, eight" 하며 스텝을 밟기도 한답니다.

그는 경제학의 어려운 개념과 용어·이론을 쉽고 재미있게 풀어서 이야기하는 능력도 뛰어납니다. 신문 기자인 저도 혀를 내두른 때가 한두 번이 아닙니다.

이제 '틴틴 경제'를 '개콘' 식으로 말해볼까요.

"이 책은 활명수야."

"왜요?"

"가정 상비약이지."

그렇습니다. 제가 중앙일보 경제 담당 에디터 직책을 맡고 있던 1999년 겨울 어느 날, 몇몇 기자들과 이야기를 나누다 중앙일보 경제 섹션에 '가정 상비약' 같은 경제 이야기가 하나 있어야겠다는 데 생각들이 맞아떨어졌습니다.

경제는 알고 보면 참 재미있습니다. 그리고 매우 이롭습니다. 돈 벌고 못 벌고는 또 다른 문제지만, 경제를 알고 세상을 보는 눈과 모르고 보는 눈은 크게 다릅니다.

과외는 왜 없어지지 않을까요.

전세는 줄고 월세는 늘어나는 것이 어떻게 금리로 설명되나요.

택시 합승을 못하게 하는 것과 모범 택시는 무슨 관계가 있을까요.

뉴라운드니, CRM이니 하는 게 다 무슨 소리인가요.

한마디로, 왜 신문 경제면의 경제 기사는 무슨 말인지 모를 게 그렇게 많은 가요.

이런 생각들을 다들 해보았을 겁니다.

'가정 상비약' 같은 경제 기사가 있어야겠다는 생각은 그래서 나왔습니다. 어느 집에서든, 누구든, 머리맡에 놓고 지내다 필요하면 언제든 집어들 수 있는, 편안하고 쉬운, 소화제 같은 경제 기사 —.

'틴틴 경제'는 바로 그런 경제 기사를 쓰자고 작정한 중앙일보 경제 섹션 기자들의 노력을 한데 묶은 소중한 결과입니다.

다시 한번 '개콘' 식으로 말해볼까요?

"이 책은 '땅'이야."

"왜요?"

"고딩, 중딩, 초딩, 직딩, 다 볼 수 있지."

그렇습니다. 이 책은 고등학교나 중학교를 다니는 학생이라면 누구나 쉽게 이해할 수 있게끔 씌어진 기사들을 묶은 것이지만, 초등학생인 동생도, 또 엄마도 아빠도 다 '가정 상비약'처럼 곁에 두고 있을 만한 책입니다. 경제적으로 생각하고, 경제적으로 세상을 보고 이해하고, 논술 공부도 하고, 상식 시험 준비도 하고, 취직할 때도 도움이 되고, 어디 가서 무슨 이야기를 할 때 '아는 척'도 하고, 그리고 돈 버는 재주만 있으면·돈도 벌고—. 이 책은 그런 책입니다.

이 책을 쓴 사람들은 중앙일보 경제 섹션 기자들입니다.

지금은 경제 섹션을 떠나 사회부 · 정치부 · 문화부 · 체육부 · 국제부 등 다른 부서에 가 있는 기자들도 있고, 지금도 경제 섹션에서 일하고 있는 기자들도 있습니다. 어떻든 중앙일보가 '틴틴 경제'를 연재하기 시작하면서 다들 열심히 다시 공부하고(쉽게 쓰는 게 사실 얼마나 어려운 일인 줄 아나요?) '눈 높이'를 조절해가며 정성을 들여 글을 썼던 기자들입니다.

신문에 연재할 때부터 "언제 책으로 나오냐"고 묻는 분들이 많았습니다. 그러나 한 사람이 아닌 많은 기자들이 기사 쓰기에 참여했고, 그 기자들이 이제는 여기저기 다른 분야에서 일하고 있고(벼룩 30마리보다 기자 세 명 모으기가 더 어렵다는 얘기 혹시 들어보셨나요?), 통계나 숫자를 바꿔 넣어야 할 것도 많고 해서 이제야 책이 나오게 되었습니다. '틴틴 경제'는 지금도 중앙일보에 연재 중이고 많은 분들이 찾아서 읽어주시는 '히트 상품'이니만큼, 앞으로도 더욱 더 정성을 들인 제2, 제3의 '틴틴 경제' 책을 보여드릴 것을 약속드립니다.

중앙일보는 또 인터넷 신문인 joins.com에도 teenteen.joins.com이라는 쌍방향 경제 교육 사이트를 운영하고 있습니다. 이미 수많은 네티즌들이 찾는 인기 사이트로 자리잡았지요. 이 모두가 중앙일보 경제 섹션에서 오늘도 열심히 일하고 있는 기자들이 공들여 만들어내는 콘텐트들입니다.

"경제는 '틴틴'이야"

"왜요?"

왜 그런지 한번 생각해보시지 않겠습니까?

중앙일보 편집인 김수길

Part 3 돈이 잘 돌아야 경제도 잘 돈다

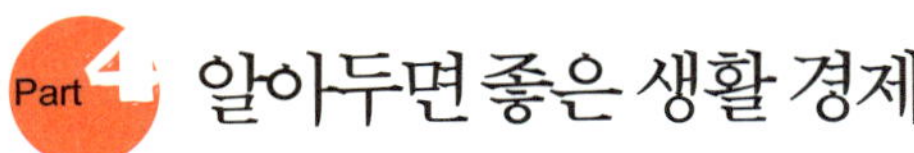

Part 4 알아두면 좋은 생활 경제

Part 5 디지털 시대, 이쯤은 알아야

Part 6 나라 경제가 잘되려면

Part 1

기업은 경제의 엔진

돈 주고 옷 주고…… 그래도 남나?

스포츠 선수가 좋은 성적을 거두면 많은 기업들이 수십억 원씩 돈을 대주면서 후원하겠다고 나서고 있어요. 기업들이 '자선사업'을 벌이고 있는 것일까요, 아니면 또 다른 '계산'이 있어서일까요.

● 장면 1

2003년 5월 초. 초등학교 3학년인 영이는 아빠와 함께 TV를 보고 있습니다. 즐겨 보는 프로가 나오기 전에 광고가 계속 나오자 영이는 짜증을 냅니다. 그때 'KTF'라는 회사의 광고가 나오고 있었지만 광고에 관심이 없는 영이는 채널을 돌립니다. 연속극을 본 뒤 광고가 끝날 때쯤 다시 리모컨을 눌러 좋아하는 프로를 봅니다. 이런 일은 거의 매일 반복되지요.

● 장면 2

2003년 5월 말. 영이는 김미현 선수가 참가하는 미국 여자프로골프(LPGA) 대회 중계방송을 재미있게 봅니다. 잘 모르지만 아빠의 설명을 들어가며 2002년 두 번 우승한 김 선수가 좋은 성적을 거둘 수 있을지 지켜보는 것이지요. 영이는 TV를 볼 때마다 김 선수의 모자와 옷에 붙어 있는 'KTF'가 어떤 회사인지 궁금했습니다. 아빠에게 물어 이동전화회사라는 것을 알게 됩니다.

현실에서 일어날 수 있는 일을 상상해봤어요. 사람들은 보통 TV를 볼 때 광고가 많이 나오면 짜증을 내지요. 그렇지만 방송국은 광고료로 '재미있는' 프로를 만드는 것이니 광고는 나올 수밖에 없겠죠. 또 기업 입장에서 "우린 이런 상품을 만드는 회사"라고 알리는 데에도 TV 광고가 효과적입니다.

많은 사람들이 빠른 시간 안에 그 회사를 알 수 있으니까요. 그래서 기업들이 큰 돈을 써가며 방송의 주요 시간대에 광고하려고 애쓰고 있는 겁니다.

그런데 광고를 하는데도 영이처럼 보지 않으려는 사람이 많다면 기업들은 어떻게 할까요? 다른 방식을 택하겠죠. 애써 광고를 하지 않고도 시청자에게 익숙해질 수 있는 그런 방법 말이에요. 유명 스포츠 선수를 후원하는 것도 그 중의 하나입니다.

이렇게 기업들이 상품 판매를 늘리기 위해 스포츠나 유명 선수를 이용하는 것을 '스포츠 마케팅'이라고 하지요. 여기엔 유명 선수 사인볼, 인형, 스포츠 의류 등을 만들어 파는 일도 포함됩니다.

KTF가 바로 '스포츠 마케팅'을 한 경우죠. KTF는 2002년 12월 골프의 김미현 선수와 3년 동안 10억 원을 지원하기로 하는 후원 계약을 했어요. '후원 계약(스폰서십)'은 기업이 활동비를 지원해주는 대신 선수는 기업 상표가 찍힌 모자, 옷 등을 입고 경기에 나가기로 약속한 것을 말합니다.

옷과 모자에 상표를 붙이는 데 10억 원은 너무 많지 않냐고요? LPGA는 유명한 대회라 전세계로 생방송될 때가 많아요. 관심 있는 사람들은 TV에서 눈을 떼지 않을 테고, 자연스레 김 선수의 모자와 옷에 붙어 있는 회사 상표에 익숙해지겠죠. 평균적으로 선수가 우승권에 들어가면 한 시간 남짓 TV에 비쳐진다고 하네요. 김 선수는 2002년에 두 번 우승했으니 그럴 가능성이 높겠죠?

우리나라 방송국의 주요 시간대(저녁 8~9시) 광고료가 15초에 700만~800만 원, 미국 CBS는 20만 달러(2억 2000만 원)지요. 우승권에 들어갔을 때 효과를 이 광고료로 계산해보면 국내 방송은 16억 8000만~19억 2000만 원, CBS는 528억 원이 됩니다.

KTF가 한 달 동안 국내 TV 광고(평균 20억 원)를 하는 것과 맞먹는 효과지요. 김 선수가 한 번만 우승권에 들어도 후원사는 '본전'을 뽑고도 남게 되는 겁니다.

1998년 박세리 선수에게 30억 원을 지원한 삼성은 광고 효과를 어림잡아 1억 5000만 달러(2100억 원. 당시 환율로 계산)로 계산했어요. 30억 원 들여 70배 효과를 냈으면 보통 '잘한 장사'가 아니죠.

그러면 '골프 천재' 타이거 우즈는 얼마나 받을까요. 우즈는 2000년 나이키 와 5년간 후원 계약을 하면서 9000만 달러(990억 원)를 받기로 했답니다.

기업들은 선수가 좋은 성적을 낼 것으로 보고 큰돈을 들이지요. 하지만 승부의 세계인 스포츠에선 1등이 있으면 꼴찌가 있게 마련이에요. 후원한 선수가 좋은 성적을 내지 못했을 때도 많아요. 기업이 들인 돈만큼 효과를 내지 못했으니 당연히 손해를 보겠죠. 이렇게 '투자' 란 위험이 따르는 것이에요.

그러니 기업은 들인 돈보다 훨씬 많은 돈을 남겨줄 '유망주' 를 조심스럽게 찾겠고, 선수들은 자신에게 보다 나은 대우를 해주는 기업을 당연히 선택하겠죠.

월급은 적어도 좋다
회사 키워 '한몫' 단단히……

　잘될 가능성이 있는 작은 회사들이 직원들에게 월급 대신 주식을 주는 '스톡옵션제'를 큰 회사들도 앞다퉈 도입하겠다고 나서고 있어요. 도대체 큰 회사들에 무슨 일이 일어난 것일까요.

　세상은 돌고 돈다는 말이 있죠? 몇 년 전 이 말이 딱 들어맞는 일이 벌어졌지요. 삼성·현대 등 큰 회사들이 직원에게 '스톡옵션(stock option)'을 줄 테니 "회사를 나가지 말아달라"고 '부탁' 했었지요.

　1997~98년만 해도 큰 회사들은 외환 위기로 장사가 안 되자 직원들에게 웃돈을 주면서 "회사를 나가라"(명예퇴직)고 했었는데 말이에요. 왜 외환 위기 때와는 정반대의 일이 벌어지고 있는 걸까요?

　사람들은 외환 위기를 겪으면서 큰 회사도 망할 수 있고, 평생 다닐 수 있는 안정적인 직장이 아니라는 생각을 하게 된 거죠. 그러니 좋은 기술을 갖고 있는 사람(우수·전문 인력)들은 능력 있을 때 내 사업을 해보겠다고 회사를 차리거나(창업), 스톡옵션을 받고 잘될 가능성이 큰 벤처 기업(돈은 없지만 창의적인 아이디어를 가진 기업가들이 세운 회사)으로 자리를 옮기는 것이지요.

　삼성SDS와 LG정보통신에서는 1999년 200~300여 명이 회사를 떠났어요. 이에 비상이 걸린 큰 회사들도 벤처 기업이 주로 써왔던 스톡옵션이라는 '당근'을 내밀며 회사를 떠나려는 사람들의 옷자락을 붙들었던 것이고요.

스톡옵션이 무슨 '만병통치약' 이라도 되냐고요? 그렇진 않아요. 하지만 벤처 기업으로 발길을 옮기려는 직원들의 마음을 되돌리는 '약' 이 될 수는 있어요.

회사가 돈을 벌면 월급쟁이도 덩달아 큰돈을 벌게 돼 있는 것이 스톡옵션이 에요. 회사가 임직원에게 "일정 기간(3년)이 지나면 우리 회사 주식을 얼마(행사 가격)에 살 수 있다"면서 준 권리를 말하죠. 우리말로는 자기 회사 주식을 살지 안 살지 고를 수 있는 권리라고 해서 '주식매입선택권' 이라고 합니다.

B회사 임원이 주식 1만 주를 3년 뒤 1주당 2만 원에 살 수 있는 스톡옵션을 받았다고 상상해봐요(주식은 매일 사고 팔 수 있어 오르내리기를 수없이 반복 하죠). 3년이 지난 후 이 회사 주식 값이 3만 원이 됐다면 이 임원은 스톡옵션 을 쓸 거예요. 2만 원에 사서 3만 원에 팔 수 있을 테니까요. 그러면 한 주당 1 만 원씩, 모두 1억 원(1만 주×1만 원)을 간단히 챙길 수 있겠죠.

하지만 주식 값이 2만 원 밑으로 떨어지면 스톡옵션을 쓰지 않을 겁니다. 써 봤자 손해만 될 테니까요. 이렇게 되면 스톡옵션은 쓸모없는 '종이쪽' 이 되고 말겠죠. 그렇다면 과연 스톡옵션이 임직원에겐 '땅 짚고 헤엄치기' 식으로 되 면 좋고 안 되면 그만인 제도일까요. 회사도 이익이 되니까 할 겁니다.

보통 스톡옵션은 보너스 또는 월급 대신 주기도 합니다. 이를 받은 사람들은 어떻게 행동할까요? 이들은 주식 값이 오르면 큰돈을 벌 수 있다는 생각에 회 사의 이익을 남기기 위해 '밤낮없이' 일하지 않겠어요. 이익이 많으면 많을수 록 회사의 주식 값은 올라갈 테니까요.

"열심히 일을 하든 안 하든 월급은 나오는데 월급쟁이가 무슨 열정으로 죽자 살자 일하겠느냐"(도덕적 해이)는 주인(오너)의 우려도 사라질 거고요. 스톡옵 션은 회사 성장에 기여한 만큼 주기 때문에 근무 기간에 따라 직원에게 골고루 주식을 나눠주는 종업원지주제와는 다릅니다.

1920년대 초 미국에서 처음 시작돼 이제는 미국 증권거래소에서 주식이 거래되는 기업(상장기업)의 80% 이상이 이 제도를 쓸 정도로 널리 퍼져 있어요. 우리나라도 1997년에 시작됐지만 요즘엔 중소기업뿐만 아니라 대기업까지 앞다퉈 도입하고 있고요.

이 제도는 보통 성공할 가능성이 크지만 월급은 많이 줄 수 없는 벤처 기업들이 우수한 사람을 데려다 쓰기 위해 많이 쓰고 있지요. 마이크로소프트나 넷스케이프 같은 회사들도 창업할 때 스톡옵션을 도입해 지금과 같은 큰 회사가 됐습니다.

한때 주식 값이 90배 이상 오른 벤처기업도 마찬가지예요. 대기업 과장을 그만두고 최근 이 회사에 입사한 A이사가 2만 3000원에 1만 5000주(5000원 액면가 기준)를 스톡옵션으로 받는다고 상상해볼까요. 현재 1주당 23만 원이고 스톡옵션을 행사할 수 있는 3년 뒤에도 이 주식 값이 계속된다면 약 30억 원 이상을 벌 수 있다는 계산이 나오지요.

이러니 큰 회사에 다니던 사람들이 밤잠 안 자고 노력하면 '노다지'를 캘 것이라는 '꿈'을 갖고 벤처 기업의 문을 두드리는 것이지요. 큰 회사들은 우수한 사람들이 나가는 것을 막으려고 스톡옵션으로 맞불을 놓은 것이고요. 이제 대기업에도 '스톡옵션 열풍'이 부는 이유를 알겠나요.

은행서 돈 꾸기 힘들죠

몇 년 전 '현대 사태'라는 말이 신문에 자주 등장했었지요. 2000년 4월 말 현대투자신탁이라는 금융 계열사의 자금 사정이 나빠진 뒤부터 줄곧 나라 경제가 기우뚱거렸으니까요. 주식 값은 계속 떨어지고 중견 기업들은 회사채를 발행하지 못해 자금난에 시달렸죠. 그런데 그 후 몇 달 뒤 현대가 자구 계획을 발표하자 계열사 주가가 오르고 자금 사정도 나아졌답니다.

정부의 재촉에도 아랑곳하지 않던 현대가 문제를 해결하기 위한 약속(자구안)을 서둘러 발표한 계기가 뭐였는지 아세요? 바로 한국기업평가라는 신용평가기관이 2000년 7월 현대그룹 8개 계열사의 신용 등급을 떨어뜨린 '사건' 때문이었죠.

여러 단계도 아니고 딱 한 단계 낮췄을 뿐인데 정부도 못한 일을 어떻게 일개 신용평가회사가 해냈을까요. 아무래도 신용평가가 무언지 무척 궁금할 것 같아요.

전세계에는 무디스나 S&P라는 유명한 신용평가기관이 있지요. 이런 기관들이 국가는 물론 기업과 금융기관·지방자치단체, 그리고 이들이 발행한 각종 채권의 위험도를 평가해 발표하지요. 그것이 바로 신용평가입니다.

이들 기관이 한 나라의 신용 등급을 하향 조정하는 조치를

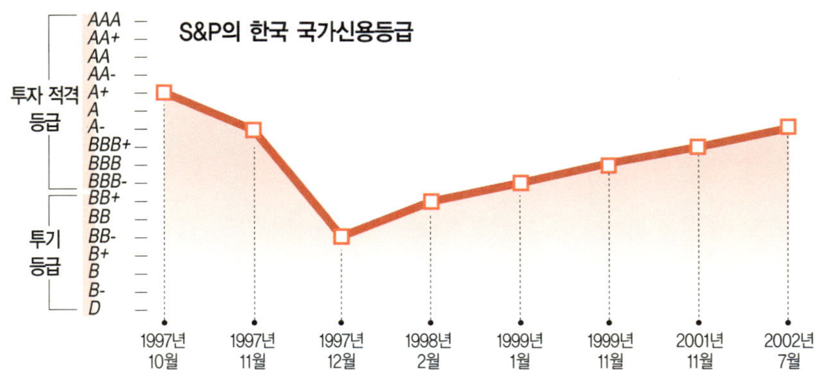

취할 경우, 환율과 주가가 떨어지고 국제 금융시장에서 해당 국가의 채권 값이 떨어져 자금 조달이 어려워지는 등 파장이 큽니다.

반대의 경우엔 그 나라에 유리해지겠죠. 기업에 대한 신용평가도 비슷한 영향을 미쳐요. 신용도가 올라간 기업은 빚을 낼 때(채권 발행) 싼 이자로 쉽게 돈을 빌릴 수 있습니다.

그러나 신용도가 내려간 기업은 비싼 이자를 물고도 돈을 빌리기 어려워지죠. 현대그룹 관계사들의 신용 등급 하락이 놀랄 만한 일이었던 건 두 가지 이유 때문이에요. 우선 새로 받은 현대건설 회사채의 등급이 BB+라는 거예요. 신용평가기관들이 매기는 신용 등급은 무려 19~25개나 되는데 크게 나누면 투자 적격 등급과 투기 등급으로 나눌 수 있어요. 여기서 투자 적격 등급 회사채는 돈을 떼일 염려가 거의 없다는 뜻이고, 투기 등급은 자칫하면 이자는 고사하고 원금도 찾지 못할 위험이 있다는 의미죠.

그런데 BB+는 바로 투기 등급으로 분류되기 시작하는 단계예요. 이 경우 이자를 노리고 채권을 사는 투자자들이 현대건설의 회사채를 사려고 하지 않겠죠? 기업들은 항상 공장 건설이나 다른 투자를 위해 돈을 빌려 써야 하는데 회사채를 발행하기 어려워지면 금방 곤란을 겪게 됩니다.

장부상으로 돈 되는 재산(자산)이 많다고 하더라도 대부분 땅이나 건물 또는 외상으로 물건을 판 채권이기 때문에 곧바로 팔아 빚을 갚기도 어렵답니다.

또 한 가지는 현대그룹의 모기업인 현대건설이 당시 다른 형제 회사의 주식을 많이 갖고 있었다는 점이에요. 최악의 경우 현대건설이 부도가 나 돈을 빌려준 은행들이 대주주가 되면 다른 형제 회사도 덩달아 은행 소유가 될 우려가 높아집니다.

자, 이쯤 되면 신용평가의 위력이 실감나죠. 그런데 사실 우리나라 신용평가는 그동안 문제가 많았답니다.

신용평가가 정확해지려면 기업이 가진 재산(자산)과 빚(부채)이 얼마인지를 알아야 하고 장사가 잘돼 현금을 많이 버는지(수익률) 등을 모두 알아야 해요. 세계적인 신용평가회사는 이렇게 눈에 보이는 것뿐만 아니라 직원들의 사기까지 점수를 매긴다고 할 정도니 얼마나 복잡하고 어려운지 짐작할 수 있을 거예요.

하지만 1997년 외환 위기 이전까지만 해도 우리나라 신용평가는 사실 기업의 덩치에 맞춰 신용도를 매기기 일쑤였습니다.

대기업은 절대 무너지지 않는다는 '대마불사(大馬不死)'란 믿음 때문이었죠. 기업들도 비밀이 새나간다고 해서 평가에 필요한 자료를 제대로 내놓지 않았어요.

이 때문에 한보·기아 같은 부실 기업들이 투자 적격 등급으로 평가받고 마음대로 채권을 팔아 돈을 끌어쓰다가 부도를 낸 거예요. 이런 회사들로 인해

나라 경제가 얼마나 고통을 당했는지는 굳이 말하지 않아도 되겠죠?

이런 면에서는 국제통화기금(IMF) 관리가 톡톡히 약이 됐어요. 기업들이 내부 사정을 투명하게 시장에 알리기 시작했고, 신용평가기관들도 세계적인 기관들과 손잡고 공정한 평가에 나서게 됐죠. 그런 변화들이 쌓인 끝에 현대라는 대기업의 변화까지 이끌어내는 힘을 갖게 된 거예요.

자, 이제 신용평가가 뭔지 감이 잡히나요? 한마디로 신용평가는 자본시장의 신호등이고 신용평가기관은 문지기 역할을 하는 거랍니다.

쉬는 날 '잠만 자는 아버지' 없어져요

신문을 보면 주 5일 근무제를 법으로 제정하는 문제가 자주 나옵니다. 우리 틴틴 친구들은 직장에 나가는 부모님이랑 토요일에도 함께 놀 수 있으니 다들 좋아하겠지만 어떤 친구는 토요일을 노는 날로 하기 위해 왜 법까지 만들까 의아했을지도 모르겠네요. 그러나 주 5일 근무제에는 친구들이 생각하는 것보다 훨씬 더 복잡한 사정이 있습니다. 다른 나라에서는 노동시간을 줄이기 위해 많은 사람들이 숨지는 고통스러운 역사가 있었구요, 우리나라는 지금도 서로 다른 주장이 엇갈리고 있지요. 자, 이제 그 사정을 함께 들여다보죠.

* 주 5일 근무제는 어떻게 하는 것일까요

우리나라의 현재 노동법은 노동자가 일주일에 44시간을 일하도록 정해져 있어요. 부모님이 토요일에도 출근하는 이유지요.

하지만 실제로 일하는 시간인 실질노동시간은 그것보다 훨씬 많지요. 1년으로 따지면 2497시간이 되는데 선진국의 경우 약 2000시간인 것을 고려하면 우리나라 노동자는 외국 노동자보다 한 해에 약 500시간 더 많이 일하는 셈이 됩니다. 일하는 시간이 많은 부모님은 토요일에도 가족과 놀아줄 시간이 없고 취미 생활을 즐길 여유도 없죠. 주말이면 피곤해서 잠만 자는 부모님을 보며 원망도 많이 했겠지만 그만큼 힘들어하신다는 걸 틴틴 친구들은 잘 알잖아요.

이러한 부모님을 위해 토요일만이라도 가족과 함께 여가를 즐길 수 있게 해

주자는 것이 주 5일 근무제의 목적입니다. 조금 어렵게 얘기하면 '삶의 질'을 높여주자는 것이죠.

오래 전부터 노동자들은 사람답게 살 권리를 얻기 위해 싸워왔습니다. 100여 년 전 미국의 기업주들은 노동자들에게 형편없이 적은 월급을 주면서도 하루 14~18시간의 노동을 강요했어요.

굶주림과 과로에 견디다 못한 노동자들은 1886년 5월 1일 대대적인 파업을 했는데 이때 많은 사람들이 경찰의 강제 진압에 목숨을 잃었습니다.

이 사건이 확산돼 전세계적인 노동운동으로 이어졌고 1890년에는 하루 노동시간을 8시간으로 제한하는 법을 만들기 위해 국제적 시위가 벌어졌어요. 그 후로 전세계가 매년 5월 1일을 노동절 또는 '메이데이(Mayday)'라고 부르며 기념하고 있답니다.

우리나라도 사실 비슷했어요. 자원도 기술도 없이 오직 값싼 노동력 하나만으로 경제를 부흥시켰던 60~70년대에는 어린 여공들이 하루 13시간 이상의 노동을 해야만 했습니다. 그러나 나라의 형편이 나아지면서 노동 조건 개선에 대한 노동자들의 요구가 거세졌죠. 또 선진국들의 모임인 OECD(경제협력기구)에도 우리나라가 가입하게 되자 국내의 노동 환경을 선진국 수준으로 끌어올려야 한다는 주장이 일기 시작했어요. 그리하여 1989년엔 법으로 정한 최대 노동시간인 법정노동시간을 기존의 주 48시간에서 주 44시간으로 줄였고, 13년이 지난 지금 다시 40시간으로 줄이려고 하는 것이죠.

✳ 주 5일 근무를 하면 뭐가 달라질까요

그렇다면 법정노동시간을 줄이면 뭐가 달라질까요.

우선 실질노동시간을 단축시키는 효과를 가져온답니다. 현재 노동법은 법정노동시간을 초과한 노동은 시간외 노동으로 분류해 원래 시간당 임금의 1.5배를 노동자가 받도록 정하고 있어요.

따라서 비용이 부담되는 기업주들은 법정노동시간을 지키려고 할 것이므로 실질노동시간이 줄어들게 되는 것입니다. 또 노동계에선 법정노동시간을 줄이는 것이 실업자를 줄이는 방법이라고 주장하고 있어요. 노동자 한 사람당 일하는 시간이 줄어들면 그만큼 여러 사람이 일을 할 수 있다는 것이죠. 또 OECD 회원국들 가운데 유일하게 토요일 근무제를 실시하고 있다는 점과 노동시간이 길수록 생기기 쉬운 산업 재해 역시 우리나라가 가장 많다는 점 등도 법정노동시간을 줄여야 한다는 근거로 내세우고 있어요.

그러나 임금을 주는 기업의 입장에선 노동시간이 줄어드는 게 큰 부담이 될 수도 있어요. 노동시간은 줄어드는데 임금은 그대로 줘야 한다면 비용이 그만큼 더 들어갈 수 있거든요. 노동시간이 준 만큼 부족한 인원을 보충해야 하니까요. 또 재계에선 국민소득이 우리나라의 두 배에 이르는 대만도 주 5일 근무제를 실시하지 않고 있으며 법정노동시간도 48시간이라는 점을 들기도 합니다.

이렇듯 노동계와 재계가 상반된 주장을 펼치고 있는 가운데 주 5일 근무에 원칙적인 합의를 이뤘다는 사실은 의미가 커요. 그것은 우리나라의 노동 환경이 선진국처럼 좋아질 뿐 아니라 삶의 질을 향상시킴으로써 노동생산성을 높이는 것이 재계와 노동계 모두에게 이득이 된다는 데 인식을 같이했다는 뜻이기 때문입니다.

✱ 다른 나라들은 어떻게 하고 있을까요

주 5일 근무를 처음 도입한 나라는 프랑스입니다. 이 나라는 지금으로부터 60여 년 전인 1936년에 이미 법정노동시간을 주 40시간으로 정했답니다.

또 임금을 받으면서 쉴 수 있는 유급 휴가도 연간 2주일로 정했구요. 이후 프랑스는 법정노동시간을 점차 줄이고 유급 휴가는 늘려 지금은 주 35시간 근무와 5주 휴가제를 실시하고 있습니다.

프랑스뿐만 아니라 유럽의 다른 나라들도 대부분 주당 노동시간을 40시간 미만으로 정해두고 있어요.

이웃 나라인 일본의 노동시간은 다른 주요 선진국에 비해 긴 편입니다. 그래도 1987년에 이미 법정노동시간을 주당 48시간으로부터 40시간으로 줄이는 내용으로 노동기준법을 개정했지요. 또 1993년에는 초과 근무와 휴일 근무를 억제하기 위해 수당을 인상하고 시간외 근무 상한선을 설정하며 유급 휴가를 늘리는 내용의 '노동시간 단축 촉진에 관한 임시 조치법'을 제정하기도 했습니다.

물론 이런 나라들을 당장 따라잡을 수는 없겠지만 지금부터 하나하나 고쳐 나간다면 틴틴 친구들이 취직할 땐 우리나라도 분명 '삶의 질'이 높은 나라가 될 거예요.

회사가 제 날짜에 어음을 못 막는 거예요

부도 · 도산 · 청산 · 파산 · 폐업 · 퇴출…….

신문이나 TV를 보면 '어느 기업이 망했다' '부도를 냈다' 는 뉴스가 많이 나오지요. 청산 · 폐업 등은 뜻이 좀 다르지만 모두 '기업 사망' 에 관한 용어입니다.

부도는 어음이나 당좌수표를 제때 갚지 못하는 것을 말합니다. 은행에서 받은 대출금을 못 갚을 때는 연체라고 부르며 부도라고 하지는 않습니다.

부도가 난다고 곧 기업이 망하거나(도산), 없어지는 것(청산 또는 폐업)은 아니지요. 물론 부도가 나면 신용을 잃게 되고 은행과 거래도 못하게 돼 도산할 가능성이 높기는 합니다.

✳ 오늘은 이 부도에 대해 알아볼가요

우리가 보통 물건을 살 때는 현금이나 신용카드를 쓰지만 기업끼리 물건을 사고 팔 때는 대부분 어음이나 당좌수표를 씁니다. 어음과 당좌수표는 상대방에게 일정 금액을 언제까지 갚겠다고 약속한 문서입니다.

기업이 어음이나 당좌수표를 사용하려면 우선 은행에 당좌예금을 들어야 합니다. 그러면 은행은 기업의 신용도를 감안해 당좌 거래를 허가하면서 어음 · 수표 용지를 나눠줍니다. 기업은 필요한 물건을 산 뒤 현금 대신 어음이나 수표를 주지요.

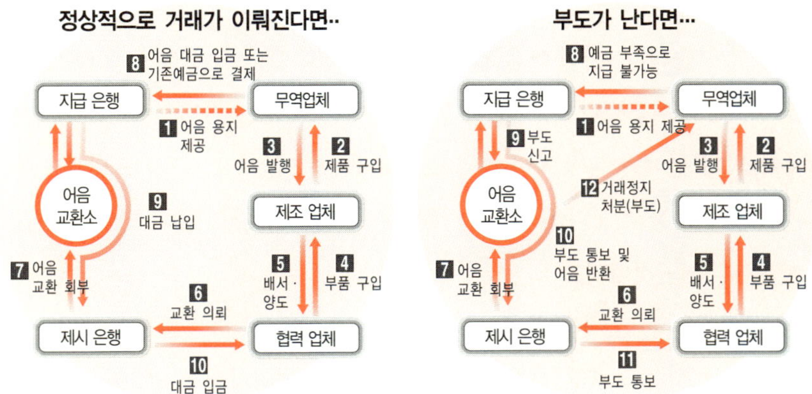

먼저 정상적으로 이뤄지는 거래에 관한 사례를 함께 볼까요.

무역업체가 가전제품 제조업체로부터 물건을 사 외국에 수출한다고 합시다. 이때는 보통 현금 대신 어음을 주고 물건을 사죠. 제조업체는 이 어음으로 협력업체에서 원자재나 부품을 살 수 있어요. 어음은 이렇게 기업 사이에서 현금처럼 돌아다닙니다.

이 어음을 갖고 있는 기업은 어음을 발행한 기업이 돈을 갚겠다고 어음에 표시한 날짜(만기)가 됐을 때 자기가 거래하는 은행에 찾아가서 어음을 현금으로 바꿔달라고 요청하면 됩니다. 이것을 전문 용어로 '교환 의뢰' 라고 하죠.

그러면 이 어음을 받은 거래 은행(제시 은행)은 처음 어음을 발행한 무역업체가 거래하는 은행(지급 은행)에 어음을 건네주고 어음에 적힌 금액만큼 돈을 받은 뒤 그 돈을 협력업체의 예금 계좌에 넣어줍니다.

이때 전국의 은행마다 자기네들끼리 어음을 일일이 교환하려면 무척 복잡하겠지요. 그래서 은행들은 어음교환소라는 곳을 만들어 이곳을 통해 매일 어음을 바꾸고 있습니다. 이런 어음교환소는 현재 전국 곳곳에 51개소가 있어요.

당좌수표는 어음보다 더 현금에 가깝습니다. 어음은 만기일이란 게 있어서 그날이 되기 전에는 은행에서 현금으로 바꿔주지 않아요. 그러나 당좌수표는 받은 당일에도 은행에 가면 현금을 내줍니다. 만기가 따로 없이 언제든 현금으로 바꿀 수 있는 것이지요.

자, 이번에는 이런 어음과 당좌수표가 어떻게 부도가 나는지 알아보죠. 상대방 은행에서 어음을 받은 은행은 어음을 발행한 무역업체의 당좌예금 계좌에서 어음액만큼을 빼어서 상대방 은행에 줍니다.

그런데 이 계좌에 돈이 없으면 문제가 생기죠. 은행은 기업에 어음 대금을 입금하라고 독촉합니다. 은행 영업시간이 끝날 때까지 입금을 못하면 지급 은행은 일단 이 기업을 부도 처리합니다. 이를 1차 부도라고 합니다.

1차 부도를 낸 기업이 다음날 은행이 문 닫을 때까지 돈을 넣지 못하면 이 기업은 최종 부도 처리되고, 어음교환소는 모든 은행에 '이 기업은 부도를 냈다'고 통보합니다.

그때부터 이 기업은 모든 은행과 당좌 거래는 물론 대출도 받지 못하게 됩니다. 이튿날 돈을 넣었더라도 1년에 1차 부도를 네 번 내면 네번째에는 다음날까지 기다리지 않고 곧바로 최종 부도 처리됩니다. 이것이 부도의 가장 흔한 경우죠.

그러나 부도는 이 밖에도 여러 이유가 있습니다. 때로는 발행 기업이 어음을 막을 돈은 있지만 지급을 거절하기도 합니다. 물건을 받기로 하고 어음을 발행했는데 물건이 도착하지 않아 못 주겠다고 거절하는 경우이지요.

또 분실·도난·위조·변조된 어음이나 어음에 반드시 찍혀야 할 인감도장 등이 빠진 불완전한 어음의 경우에도 지급이 중지됩니다. 이런 경우엔 그 원인을 해소하면 부도 처분을 취소시킬 수 있기 때문에 도산과는 거리가 멀지요.

예를 하나 더 들어볼까요.

A물산은 11월 27일을 만기로 하는 5000만 원짜리 약속어음을 거래처로부터 받았습니다. 마침 협력업체에 5000만 원을 주어야 했던 A물산은 받을 돈 5000만 원을 믿고 만기를 11월 29일로 한 어음을 끊어주었습니다.

그런데 27일이 되자 거래처가 돌연 부도를 냈습니다. 다급해진 A물산은 자력으로 우선 29일 만기가 돌아오는 5000만 원을 막기 위해 급전을 빌리러 나섰지만 실패했습니다. 12월 5일이 되면 다른 거래처로부터 1억 원을 받을 수 있는 어음이 있지만 이때는 너무 늦지요. 그 바람에 이 회사는 부도가 나버렸습니다.

아무리 흑자를 내고 장사를 잘해도 이처럼 갑작스레 부도를 맞는 경우가 있습니다. 이를 흑자 부도라고 합니다. 또 거래처의 부도로 인해 덩달아 부도가 난 경우여서 연쇄 부도라고도 하지요.

병든 기업 숨아내 병 안 퍼지게 막죠

일자리를 잃고 거리를 헤매는 사람들이 많이 있습니다.

여러분의 교실에도 부모님이 직장을 잃어 슬픔에 잠긴 친구들이 있을 것입니다. 왜 이런 일이 일어날까요? 바로 구조조정(restructuring) 때문입니다.

몇 년 전 한국에 온 노벨 경제학상 수상자 마이론 숄즈 박사는 "한국 경제에는 구조조정이 가장 중요하다"며 "쓰레기를 침대나 카펫 밑에 숨겨놓는다고 방이 깨끗해지는 게 아니다"고 말했습니다.

한국개발연구원의 조동철 박사도 "기업·금융의 구조조정이 제대로 이루어지지 않으면 경기가 안 좋아져 경제성장률이 자꾸 떨어질 것"이라고 경고했어요. 강력한 구조조정만이 경제에 활력을 가져다 준다는 것입니다.

그러나 노동자의 권익을 위한 노동조합의 입장은 달라요. 혹시 민주노총의 노조원이 길거리에 나와 시위했다는 뉴스를 들은 적 있지요. 이런 시위가 있을 때마다 노동자와 경찰이 심하게 다치는 경우가 많아요. 이때 노동자들이 요구한 것은 '구조조정 반대'였습니다.

자신의 일자리를 빼앗아간다는 것이지요.

✱ 도대체 구조조정이 무엇이기에 이렇게 야단일까요?

경제가 발전한다고 모든 기업이 다 좋아지는 것은 아닙니다.

경쟁력이 떨어지는(비교열위) 업종이나 기업이 나타나게 마련이지요. 이런

업종과 기업이 망하면서 경쟁력 있는 산업을 중심으로 경제 구조가 바뀌는 것을 구조조정이라고 해요.

큰 나무(한국 경제)가 있다고 생각해봐요. 그런데 이 나무엔 병든 가지(부실 기업)가 있어요. 나무를 살리기 위해선 어떻게 해야 할까요. 거름(자금 지원)을 주거나 가지치기(부실 기업 퇴출)를 해야 합니다.

거름을 줘도 병든 가지가 되살아날 기미가 없으면 잘라버려야 할 거예요. 그런데 가지치기(구조조정)를 안 하면 어떻게 될까요. 병은 옆에 있는 가지(금융 기관)로 옮아가고 이내 나무 전체로 퍼져 그 나무는 죽고 말 겁니다.

경제도 마찬가지예요 이익을 못 내면서 회생 가능성도 안 보이는 기업이나 금융기관은 망하게 해야겠지요. 이런 걸 구조조정이라고 하지요. 또 기업 내부에도 돈을 벌지 못하는 부서는 규모를 줄이거나 없애버려야 할 겁니다.

이것을 다운사이징(downsizing)이라고 합니다. 미국 경제가 튼튼해진 것도 지난 10년간 구조조정과 다운사이징을 꾸준히 해왔기 때문이지요.

그럼 우리나라가 구조조정과 다운사이징을 외면하면 어떻게 될까요. 서강대 송의영 교수는 "구조조정을 미룰수록 경제는 더 골병이 든다"며 "결국 세금을 내야 하는 국민들의 부담만 커질 뿐"이라고 합니다.

즉 부실 기업이 '돈 먹는 하마' 처럼 돈을 쓰면서 망하지 않고 있으면 이 기업에 돈을 빌려준 은행들은 돈을 받을 수 없으므로 부실 은행이 됩니다.

은행이 부실화되면 다른 건강한 기업들도 돈을 빌리기 힘들게 돼 경제는 계속 나빠지게 되지요. 은행이 예금 가입자에게 돈을 못 돌려주면 결국 국민의 세금(공적 자금)으로 구멍을 메워야 하지요.

또 기업들도 다운사이징을 통해 비용을 줄이고 생산성을 높여야 다른 나라 기업들과 경쟁할 수 있습니다.

다운사이징을 게을리 하는 기업이 자꾸 생겨나면 나중에는 더 큰 수술(구조조정)을 할 수밖에 없습니다.

하지만 노동자들 입장은 다릅니다. 기업이나 정부가 너무 많은 가지치기를 하려 한다는 거예요. 심하게 병든 가지뿐만 아니라 약간 병든 가지까지 잘라내면 광합성을 할 수 없어 결국 나무가 죽게 된다는 겁니다.

기업이 구조조정을 하면 어쩔 수 없이 많은 사람들이 직장을 잃게 되지요.

또 일자리를 잃은 사람이 많아지면 이들이 사는 물건도 크게 줄겠죠(소비 감소). 이는 기업이 물건을 팔 수 없다(생산 감소)는 얘기고, 오랫동안 물건을 못 파는 기업은 문을 닫을 수밖에 없을 겁니다.

이렇게 되면 직장을 잃은 사람은 더 많이 거리로 나오게 되고 경제는 더욱 어려워질 거예요. 노동자들은 이런 주장을 하면서 한꺼번에 너무 심하게 구조조정을 해서는 안 된다고 합니다.

따라서 구조조정과 다운사이징은 확실한 기준에 따라 꾸준히 해야 합니다.

갑자기 너무 많은 실업자가 생기면 정치가들도 부담이 되지요. 일자리를 잃어 가난해진 사람들은 불만을 품을 수밖에 없기 때문입니다.

경제 전문가들도 구조조정과 함께 실업 문제를 해결해야 한다고 생각하고 있어요. 정부가 실업자에게 일정 기간 돈을 지원해주는 실업 급여의 확대, 직원들이 일정 기간 돌아가면서 쉬는 순환휴직제, '실업자가 다시 취직할 수 있게 교육하는 직업 훈련 등을 강화해야 한다고 주장하지요.

주주가 주인……
대표이사가 '큰일' 결정

우리나라의 최고 통치자는 대통령입니다. 회사로 치면 최고 경영자나 마찬가지예요.

우리나라가 전체적으로 어떻게 움직이는지, 즉 국가의 지배 구조가 어떤지를 알려면 대통령이 어떻게 나라를 다스리는가를 보면 돼요. 대부분의 일은 정부 부처에 맡기지만 나라 운명을 좌우하는 중대 사안은 대통령이 결정해요.

그러나 대통령이 나라의 주인은 아니죠. 국민이 나라의 주인이고 국민들이 대통령을 뽑는 것은 다 아시죠. 좀더 효율적으로 나라를 다스리라고 국민들이 대리인(代理人)인 대통령을 뽑은 거예요.

또 국민들은 대통령이 나랏일을 잘 보는지 감시·감독하기 위해 국회의원을 뽑고, 최후의 감시 보루로 법원도 뒀어요. 이처럼 입법·사법·행정 등 삼권분립 제도를 택한 것은 국민의 대리인들이 국민들을 위해 제대로 일하도록 하기 위해서죠.

기업도 마찬가지예요. 대통령이 나라를 다스리듯 기업에선 최고 경영자가 다스리고, 국회의원이 대통령을 감시하듯 최고 경영자가 제대로 일하는지 감시하는 이사회나 감사위원회 같은 제도가 있어요.

요즘 신문이나 방송에서 자주 보고 듣는 기업 지배 구조는 이런 기업의 경영·감시 체제에 관한 것입니다. 지배라는 말은 '다스림'을 뜻해요. 즉 기업을 다스리는 구조가 어떻게 돼 있느냐는 것이죠.

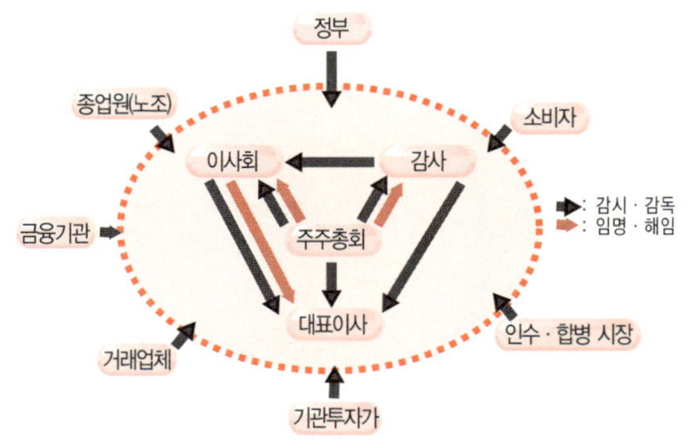

영어로는 코포리트 거버넌스(corporate governance)인데, 거버넌스 역시 '다스림'으로 번역돼요. 정부란 뜻의 거번먼트(government)를 연상하면 이해가 쉬울 거예요.

그렇다면 최고 경영자는 누가 뽑을까요. 나라의 주인은 국민이지만, 기업의 주인은 그 기업의 주식을 갖고 있는 주주(株主)들이에요. 따라서 주주들이 경영진, 즉 이사(director)들을 먼저 선출하고 최고 경영자인 대표이사는 이사들의 모임인 이사회에서 선출합니다. 또 주주는 최고 경영자를 감시할 권한을 이사회에 맡겼어요.

만약 이사회가 최고 경영자와 한통속이 돼 회사를 엉망으로 만들면 주주들이 이사를 바꾸면 됩니다. 감사나 감사위원회는 법원과 비슷해요. 이처럼 기업을 다스리는 구조, 즉 기업 지배 구조를 파악하려면 누가 기업을 경영하는가, 그리고 누가 경영자를 감시·감독하는가 하는 두 가지 측면을 보면 됩니다.

다만 기업의 주인은 주식을 가진 주주(즉 그 회사에 투자한 사람)라는 것을 알아야 해요. 대통령을 뽑을 때는 국민 한 사람, 한 사람이 똑같이 한 표씩 갖지만 기업에서는 주식 한 장이 한 표예요.

따라서 주식을 많이 가진 사람이 이사와 대표이사 선임을 좌우하게 되고, 이 때문에 정치는 '민주주의'지만 기업은 '주주(株主)주의'라고 해요.

나라를 잘못 운영하면 국민이 선거를 통해 정권을 바꾸고 심지어 혁명이 일어나듯 기업을 운영하는 것도 쉬운 일이 아닙니다. 기업이 잘되고 못 되는 것은 여러 이유가 있겠지만 회장이나 사장 등 회사에서 가장 높은 최고 경영자의 판단이 무엇보다 크게 좌우합니다.

예를 들어볼까요. 현대그룹이 부실 덩어리인 현대투자신탁증권을 인수해 그 때문에 지금 현대증권 등 다른 계열사까지 외국 기업에 넘기려 하고 있지요. 삼성은 반도체 사업 진출은 아주 잘했지만, 자동차 사업에 잘못 진출해 큰 손실을 보면서 외국 기업에 팔았어요.

물론 최고 경영자는 많은 사람을 만나 자문을 구하는 등 최선을 다하지만 결국 마지막 결정은 자신이 하는 것이고, 그 결정에 따라 회사의 운명이 바뀌게 되니 최고 경영자의 역할이야말로 막중하다 할 수 있지요.

누가 기업을 경영해야 하는지는, 오래된 그러나 아직도 정답이 없는 논쟁입니다. 미국은 주주가 뽑은 전문 경영인이 경영한다고 해서 전문 경영인 체제, 우리나라는 대주주(오너)가 직접 경영을 한다고 해서 오너 체제 또는 소유 경영자 체제라고 합니다. 전문 경영인이 경영할 경우에는 주주들이 뽑은 이사들이 감시·감독합니다.

소유 경영자 체제는 최고 경영자가 곧 최대 주주이기 때문에 주주에게 최고 경영자 감시권을 맡길 수가 없어요. 대신 기업 외부에서 감시가 일어나요. 기업에 돈을 빌려준 은행들이 대표적입니다. 빌려준 돈을 제때 받으려면 최고 경영자가 제대로 경영을 하고 있는지 감시할 수밖에요. 독일에선 아예 은행 간부가 이사로 참여해 최고 경영자를 감시합니다.

투자자들의 돈을 모아 운용하는 투자신탁회사라든가 국민연금 등의 각종 연기금도 최고 경영자를 감시해요. 이들을 기관투자가라고 하는데, 미국은 이들의 감시 활동이 매우 활발해 기관 투자가 자본주의 체제라는 말을 들을 정도예요.

이 밖에 정부는 법률을 통해 기업의 불법 행위가 없는지를 감독하고, 소비자는 제품 구매나 소비자 운동을 통해 감시합니다. 인수 · 합병(M&A, Merger and acquisitions) 시장도 상당히 효과 있는 감시 장치입니다. 기업을 사거나 뺏을 수 있는 시장이 활발하다면 최고 경영자는 늘 긴장할 수밖에 없습니다. 자칫하면 회사를 빼앗기기 때문이죠.

이런 기업 외부에서의 감시가 제대로 작동하려면 무엇보다 회사의 사정이 외부에 신속 · 정확하게 알려져야 합니다. 회사가 장사를 어떻게 했는지, 앞으로 어떤 사업을 하려고 하는지 등을 있는 그대로, 그때그때 알려야 외부 사람들이 그 회사에 대한 올바른 판단을 할 수 있지 않겠습니까.

우리나라는 5~6년 전 외환 위기를 겪고 난 뒤 이에 대한 여러 제도를 고쳤습니다. 기업의 회계 장부를 외부에서 쉽게 들여다볼 수 있게 한다든지, 회사의 중요 사항을 발표하는 공시를 제때 하도록 한 것 등이 그 예입니다.

그러나 감시 · 감독을 지나치게 강조하는 것은 또 다른 문제가 있어요. 기업은 이익을 내는 것이 목적인데 최고 경영자의 경영권 행사를 과도하게 제약하면 제대로 일할 수가 없습니다. 공부할 수 있는 여건은 만들어주지 않고 자녀에게 매일 공부하라고 다그치면 역효과가 나는 것과 마찬가지예요.

좋은 제품 믿음 주는 '보증수표' 지요

햄버거를 무척 좋아하는 영희네 동네에는 햄버거 가게가 두 곳 있어요. 하나는 집 앞 아파트 상가에 있고요, 다른 하나는 아파트에서 조금 떨어진 큰길가에 있는 맥도널드 햄거버 집이에요.

영희는 동네 햄버거 집에는 거의 가는 적이 없어요. 조금 멀더라도 맥도널드 햄버거 집을 찾아가지요. 동네 햄버거 집은 햄버거 한 개에 1000원이고, 맥도널드는 그보다 300원이 비싼데도 말이에요.

영희에게 왜 그러냐고 물었어요. 그랬더니 영희 대답이 "맥도널드 햄버거가 유명하니까"라는 거예요. 친구들에게 이름을 많이 들었고 광고를 통해 많이 봤다나요. 실제로 먹어보니까 맛도 있더라는 거예요.

이런 것을 브랜드 가치라고 합니다. 우리말로는 '이름값'이라고 할 수 있지요. 입을 것이나 먹을 것이나 요즘 이름 없는 상품은 거의 보기 힘들지요. 하지만 이름만 붙어 있다고 브랜드 가치가 있는 것은 아니에요. 사람들이 그 브랜드의 제품은 좋은 상품이다라는 인식을 갖고 있어야 브랜드 가치가 있다고 할 수 있지요.

브랜드 가치가 있으면 어떻게 될까요. 우선 좋은 제품이라는 인식이 널리 퍼져 있기 때문에 잘 팔리지 않겠어요. 유명 브랜드의 옷을 생각해보세요. 어머니가 티셔츠를 하나 사준다고 할 때 어떤 마음이 들까요. 시장의 이름없는 옷보다는 백화점에서 유명 브랜드를 사주길 은근히 원하지 않을까요.

2001년에 외국 유명 브랜드인 프라다가 국내에서 처음 세일을 한다고 하자 사람들이 몰려들어 북새통이 벌어진 적이 있지요. 그뿐만이 아니에요. 같은 제품이라도 브랜드 가치가 있으면 더 비싼 값을 받을 수 있어요. 소비자들은 이름 값이 있으니까 제품의 품질도 좋을 것으로 생각해 믿고 살 것입니다. 값이 조금 비싸더라도 소비자들은 돈이 아깝지 않다며 물건을 사려고 할 것입니다.

제품이 더 비싼 값에 많이 팔리면 그 제품을 생산한 기업은 돈을 많이 벌겠지요. 그래서 브랜드 가치가 있는 기업은 경쟁력 있다는 얘기가 나오는 겁니다.

건전지로 유명한 '로케트 전지'를 미국 질레트라는 회사가 1998년 사들였어요. 질레트는 7년 동안 로케트 전지의 국내 상표권과 영업권을 빌려 쓰는 조건으로 815억 원을 로케트 전지에 지불했지요. 그런데 이 돈의 대부분인 600억 원은 로케트 전지라는 이름의 가치를 돈으로 쳐준 것이라고 합니다.

에프킬러를 만드는 회사가 외환 위기 때 부도가 나자 다국적 기업인 한국존슨이 이 회사를 사들였어요. 그런데 공장 터와 기계 등은 90억 원의 가치가 있다고 계산하고 '에프킬러'라는 브랜드의 값은 그 세 배가 넘는 297억 원으로 산정했어요. 회사에 돈을 얼마나 벌어다 줄 것인지를 브랜드 가치로 따진 것이지요.

이런 일들이 자주 생기면서 우리나라 기업들도 최근에는 브랜드 가치에 대해 관심을 기울이기 시작했어요.

2000년에 국내 한 연구기관에서 우리나라 기업들의 브랜드 가치를 계산한 적이 있는데, 삼성이란 브랜드가 1등을 차지했어요. 가치로 따지면 10조 원을 넘는다고 해요. 그 다음은 LG, SK, 현대, 롯데 등의 순이었어요. 앞으로 10년간 그 브랜드가 회사에 벌어줄 돈을 기준으로 삼아 계산한 것이라고 하는데, 엄청난 액수지요.

우리가 잘 알고 있는 외국 유명 브랜드가 탄생한 얘기를 몇 가지 소개해볼까요. 코카콜라는 1886년 미국 조지아 주 애틀랜타에 사는 존 S. 펨버튼 박사가 만들었어요. 그는 코카(coca)라는 나뭇잎과 콜라(kola)라는 나무 열매에서 추출한 원료로 톡 쏘는 맛이 있는 음료수를 만들어 자신의 약국에서 5센트씩에 팔았어요. 상표는 두 원료의 이름을 합치되 콜라의 철자 중 'K'를 'C'로 고쳐 만들었어요. 바로 이게 요즘의 코카콜라 브랜드랍니다.

제2차 세계대전 때 미국은 전세계에서 전쟁을 치렀지요. 전세계에 주둔하게 된 미군들에게 코카콜라를 보급했어요. 전쟁 기간 동안 50억 병이 팔렸대요. 미군뿐 아니라 전쟁 지역의 주민들도 코카콜라를 마시게 되면서 세계적인 브랜드로 큰 것이지요.

휴대전화로 유명한 미국 모토롤라의 첫 제품은 자동차용 오디오였대요. 그래서 자동차를 뜻하는 '모토'와 '빅터롤러'라는 축음기 이름을 합쳐서 회사 이름을 만들었다고 해요.

브랜드 가치를 높이려면 기업들은 어떤 일을 해야 할까요. 학자들은 기업이 장기적인 전략을 가지고 브랜드를 키워나가는 노력을 해야 한다고 지적합니다. 맥스웰하우스·코카콜라 등 세계적인 브랜드들은 100년이 넘는 역사를 갖고 있어요. 오랜 세월 동안 소비자들에게 그 제품을 공급하다 보니 커피 하면 맥스웰하우스를 떠올리고, 콜라라는 음료수로는 코카콜라를 제일 먼저 생각하게 된 것이지요.

좋은 품질의 제품을 만들어 소비자들에게 좋은 인식을 얻는 것도 중요해요. 세계 최고급 자동차라고 하면 메르세데스 벤츠를 생각하는 사람이 많아요. 동그라미 안에 별 모양이 들어가 있는 엠블럼을 아시지요. 벤츠 승용차의 앞부분에 달려 있는 이 엠블럼을 벤츠 회사는 각별하게 생각한다고 해요. 벤츠에서는 승용차 생산의 가장 마지막 단계에 이 엠블럼을 차에 붙인다고 합니다. 각종 품질 검사를 거쳐 품질이 완벽한 차량이 만들어졌다고 생각할 때 벤츠의 상징을 붙인다는 것이지요. 벤

2000년도 세계 최고의 브랜드

(단위:백만달러)

순위	기업 브랜드	가치	나라
1	코카콜라	72,537	미국
2	마이크로소프트	70,197	미국
3	아이비엠	53,184	미국
4	인텔	39,049	미국
5	노키아	38,528	핀란드
6	제네럴일렉트릭	38,128	미국
7	포드	36,368	미국
8	디즈니	33,553	미국
9	맥도널드	27,859	미국
10	AT&T	25,548	미국
11	말버러	22,111	미국
12	메르세데스 벤츠	21,105	독일
13	휴렛패커드	20,572	미국
14	시스코시스템스	20,068	미국
15	도요타	18,824	일본
16	시티뱅크	18,810	미국
17	질레트	17,359	미국
18	소니	16,410	일본
19	아멕스	16,122	미국
20	혼다	15,245	일본
21	컴팩	14,602	미국
22	네스카페	13,681	스위스
23	BMW	12,969	독일
24	코닥	11,822	미국
25	하인즈	11,742	미국
26	버드와이저	10,685	미국
27	제록스	9,700	미국
28	델	9,476	미국
29	갭	9,316	미국
30	나이키	8,015	미국

자료:인터브랜드

한국의 대표 브랜드 자산 가치와 순위

순위	기업 브랜드	브랜드 가치
1	삼성	119,470
2	LG	52,218
3	SK	41,240
4	현대	34,235
5	롯데	24,037
6	한국통신	17,959
7	대한항공	17,826
8	국민은행	12,392
9	효성	5,908
10	한화	5,884

개별 기업의 브랜드 자산 가치와 순위

(단위:억원)

순위	기업 브랜드	브랜드 가치
1	삼성전자	58,393
2	SK(주)	28.328
3	대한항공	17,826
4	KT	17,796
5	현대자동차	15,061
6	SK텔레콤	12,604
7	국민은행	12,004
8	LG전자	11,154
9	롯데쇼핑	11,059
10	삼성생명	9,155

자료:산업정책연구원

츠 사람들은 이 앰블럼에 세계 최고의 차라는 벤츠의 혼이 담겨 있다고 말한답니다.

우리나라 기업들도 요즘은 브랜드 가치를 높이려고 많은 활동을 하고 있어요. 광고를 하거나 대형 스포츠 행사에 돈을 대는 일 등이 그런 것이지요. 그런데 광고를 하거나 스포츠 행사에 돈을 댄다고 해서 브랜드 가치가 높아질까 하는 생각이 들 거예요. 농구 경기를 TV에서 중계하는 것을 본 적이 있을 겁니다. 중계를 보면 농구장 주변에 회사 이름이나 상품 이름이 적혀 있는 광고판을 보게 되잖아요. 소비자들이 중계를 보면서 회사나 상품 이름을 기억하게 하고 브랜드 가치를 높이자는 것이지요.

삼성전자는 호주 시드니에서 열린 올림픽 때 무선통신기기 후원업체로 뽑혔어요. 올림픽 행사를 치르는 데 사용하는 2만 5000대의 휴대전화와 호출기, 무전기 등 2억 달러어치를 돈도 안 받고 제공했다고 합니다. 전세계 37억 인구가 지켜보는 올림픽 중계를 통해 자신들의 브랜드를 알리게 되는 만큼 삼성전자라는 브랜드를 기억하는 사람들이 늘어나겠지요. 삼성전자는 실제로 이로 인해 삼성전자라는 브랜드를 기억하는 세계 사람들이 5%가량 늘어난 것으로 평가하고 있습니다. 이에 따라 투자는 2억 달러 했는데, 브랜드 가치는 10배가량 높아졌다고 합니다.

거짓 장부로 '좋은 회사인 척' 속임수

여러분은 『세계는 넓고 할 일은 많다』는 책을 읽어보거나 들어본 적이 있을 겁니다. 10여 년 전 우리나라에서 세번째로 큰 재벌 대우그룹을 이끌었던 김우중 회장이 쓴 책이에요. 김 회장의 진취적인 기상이 물씬 배어 있는 이 책은 출간되자마자 불티나게 팔렸어요. 김 회장은 당시 젊은이들의 우상이 됐고, 수많은 직장인들도 그를 영웅으로 생각했지요.

그런데 TV나 신문을 보면 김우중 회장이 얼마 전 나쁜 일을 많이 해 국내에 들어오지 못하고 외국을 떠돌고 있다는 뉴스가 나오죠. 김 회장과 함께 회사를 책임졌던 사장들은 줄줄이 교도소로 갔어요.

왜 그렇게 됐을까요. 김 회장과 여러 사장들이 그동안 사업을 하면서 '회계 장부를 분식했다'고 신문에 나오는 얘기를 들었을 겁니다. 그렇다면 '분식'이란 뭘까요. 또 분식은 왜 나쁜 일일까요.

분식(粉飾)이라는 말을 국어사전에서 찾아보도록 하죠. "실제보다 좋게 보이도록 거짓으로 꾸미는 것"이라고 되어 있어요. 우리 어머니들은 얼굴에 '분(粉)'이란 화장품을 바른답니다. '가루'라는 뜻이에요. 분을 얼굴에 바르는 것은 주름살을 감추고 피부가 젊어 보이게 하려는 것이죠.

따라서 회사가 장부를 분식했다고 하면 장부를 실제보다 좋은 것처럼 보이게 하려고 '분으로 화장을 했다'는 뜻을 담고 있어요.

여러분의 어머니가 집에서 가계부를 쓰듯 기업도 돈이 얼마나 들어오고 나가며, 빚은 얼마이고, 팔다 남은 상품이 얼마나 되는지 등을 장부에 적는답니다. 이를 회계 장부라고 하죠. 그래야 그 기업이 좋은지 아닌지를 남들이 알 수 있으니까요.

금융감독원에서 대우그룹의 회계 장부를 조사해보니 대우그룹은 1997~1998년 두 해 동안 22조 9000억 원을 분식했다고 합니다. 검찰에서 조사했더니 그 금액이 41조 900억 원이나 되는 것으로 밝혀졌습니다.

이건 무슨 얘기일까요. 회사의 모양을 좋게 보이려고 회사의 장부를 조작했다는 것이지요. 예를 들어 여러분이 장난감 가게에서 무선으로 조종하는 자동차를 한 대 샀다고 해요. 가게 아저씨가 번드르르한 자동차를 내놓고 새 차라고 해서 샀는데, 무선이 잘 안 듣고 부속품이 5년 이상 된 고물이라는 것을 알았다면 기분이 나쁘겠지요.

기업도 사고 파는 물건이에요. 그런데 돈을 많이 벌었고 재산도 많다고 장부에 적어놓은 것을 보고 주식을 샀는데, 그게 전부 엉터리라면 얼마나 속이 상하겠어요.

불행하게도 우리나라 증권시장에 상장한 기업들은 세 군데 중 한 곳이 이런 식으로 회계 처리를 하고 있는 것으로 밝혀졌어요. 드러내놓고 거짓말을 하는 셈이지요.

국제적으로 우리나라 기업의 장부가 엉터리라는 소문이 한때 파다하게 퍼지기도 했습니다. 우리 기업들이 세계적인 기업이 되려면 반드시 고쳐야 할 게 분식 회계랍니다.

기업이 쓰러지면 장부를 엉터리로 만들었다는 사실이 드러나게 되어 있어요. 기아그룹이 그랬고 대우나 동아그룹도 마찬가지예요.

우리나라든 외국이든 회사가 분식을 하는 방법은 크게 세 가지입니다. 첫째, 물건을 판 것(매출)이 없는데도 돈 받을 것(외상 채권)이 있는 것처럼 장부에 적는 것이죠. 돈을 받아 전부 썼는데도 받을 돈이 있는 것처럼 장부를 안 고치는 방법도 있어요.

둘째, 남아 있는 자산(재고)을 실제보다 부풀리는 방법이에요. 이미 사용했거나 팔아서 없는 물건을 있다고 장부에 적는 것이죠. 생산하지도 않은 물건을 창고에 쌓아둔 것처럼 거짓말을 하기도 합니다. 헌 기계를 새것과 맞먹는 값으로 뻥튀기해 장부에 적기도 하죠. 아니면 망가져서 못 쓰게 된 기계를 정상적인 가격으로 평가하는 방법도 쓴답니다.

셋째, 빚(부채)을 숨기는 방법입니다. 은행에서 돈을 빌려 다른 곳에 썼으면서도 장부에 올리지 않는 겁니다. 회사 빚이 없다고 속이려는 것이죠. 다른 회사에 빚 보증을 섰다가 그 회사가 망하는 바람에 빚(지급보증 채무)을 대신 갚아줘야 하는 경우에도 그 빚을

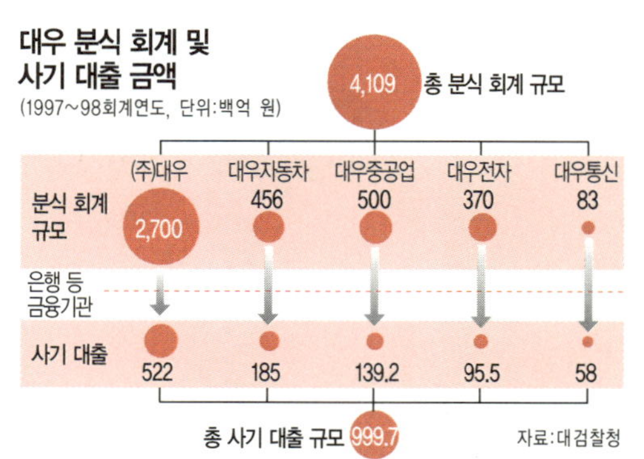

장부에 안 적는 분식 회계가 생길 수 있습니다.

또 손실을 봤을 때 나중에 생긴 것처럼 꾸미기 위해 장부에 적는 일을 뒤로 미루는(이연) 방법도 씁니다.

* 왜 분식을 하나요

그동안 우리나라 기업들은 거짓 장부를 만들어 보여주는 데 대해 별로 부끄러움을 느끼지 않았어요. 좋은 회사로 포장해야 은행에서 돈을 빌리기 쉽고 주가가 올라가니까요. 회사를 위해서라면 회계 장부를 엉터리로 만들어도 된다고 생각했어요.

기업의 회계 장부는 매년 회계사들이 감사를 하게 되어 있어요. 제대로 작성했는지를 검사하는 것이죠. 그동안 우리 사회는 회계 감사가 왜 중요한지를 잘 몰랐어요.

회계사들은 기업의 거짓말을 감시해야 하는데도 슬쩍 한쪽 눈을 감아주고 봐준 경우가 너무 많았어요. 정부는 정부대로 기준을 제대로 만들지 않았고, 은행은 담보만 보고 대출을 해줬으니까 장부가 어떻게 되어 있든 신경 쓸 필요가 없었답

기업의 분식 회계 어떻게 이루어지나요

1 최고 경영자와 회계 책임자가 서로 짠다

방법→ 빚을 줄인다
→ 상품이나 기계 등 자산의 값어치를 높게 매긴다
→ 받을 돈(외상매출금)을 부풀린다
→ 쓸모없는 자산을 값어치 있는 것처럼 계산한다
→ 못 받을 채권을 받을 수 있는 것처럼 꾸민다
→ 안 쓴 연구개발비를 쓴 것처럼 적는다
→ 사장 등 특수 관계인에게 빌려준 돈을 적지 않는다

2 회계 장부를 분식한다

3 외부 감사를 대충 때운다
→ 공인회계사의 묵인 또는 공모

4 회계 장부 공표
→ 적자를 흑자로, 적자 축소, 흑자 확대로 조작

5 회계 장부를 믿고 은행에서 돈을 빌려주거나 주가가 오른다

6 적자나 빚 많아 도산하거나 당국에 적발된다

7 주가 하락으로 투자자 손실, 금융권 부실 채권 발생

8 경영진과 회계사를 고발, 투자자들은 손해배상 소송

9 회사는 매각 또는 청산, 경영진과 회계사는 민·형사상 처벌을 받는다

부실 감사 회계법인에 내린 주요 벌칙

조치 연도	회계법인	감사 대상 회사	조치 내용
1998	청운	기아자동차	지정제외 3%
〃	산동	아시아자동차	지정제외 3%
1999	청운	대우통신	업무정지 1개월
〃	세동(안진과 합병)	고합	지정제외 1%
〃	영화	경기화학	지정제외 1%
〃	세동(안진과 합병)	대한생명	지정제외 2%
〃	신한	해태제과	지정제외 1%
〃	안건	해태전자	지정제외 2%
2000	산동	(주)대우 · 대우중공업 쌍용자동차 · 대우자판	업무정지 12개월
〃	안건	대우자동차 · 오리온전기	지정제외 3%
〃	안진	대우전자 · 경남기업	지정제외 3%

※지정제외 : 증권선물위원회가 감사인을 지정할 때 직전 연도
일정 비율의 회사 수를 감사인 지정에서 제외하는 조치

자료:금융감독원

니다.

장부를 엉터리로 적고 이를 대충 눈감아준 사람들을 처벌하는 일도 소홀했어요. 장부가 엉터리인 기업의 주식을 사서 큰 피해를 보더라도 손해배상 소송을 하는 투자자들은 별로 없었어요. 기업 · 정부 · 회계사 · 은행 · 투자자 모두에게 책임이 있었던 것이지요.

분식 회계를 막기 위해선 국제 기준에 맞도록 기준을 바꿔야 합니다. 기업이 분식을 했을 때는 담당자나 임원 또는 회사 주인을 엄하게 처벌하는 것도 필요하지요. 법률적으로 책임을 묻고 경제적으로도 말이에요.

회계사들이 수시로 회계 감사를 할 수 있도록 하는 것도 필요하지 않을까요. 엉터리로 작성한 장부를 눈감아준 회계사를 법적으로 책임지도록 하는 것도 필요합니다. 이런 노력들이 있어야 우리나라 기업의 장부가 정직하고 깨끗하게 씌어졌다는 평가를 받을 수 있을 겁니다. 그래야만 외국인들이 장부를 믿고 우리 기업에 투자하지 않겠습니까.

민간에 넘겨 경쟁력 키워요

30여 년 전까지만 해도 영국 정부는 영국석유와 영국가스·영국통신·영국 항공 때문에 골치를 앓았습니다. 이들 공기업(국영기업)이 큰 적자를 내는 바람에 해마다 막대한 국민의 세금을 쏟아 부어야 했기 때문이지요.

그런데 정부가 이들 공기업을 민영화한 뒤 지금은 몰라보게 달라졌어요. 이들은 큰 수익을 올려 국가에 낸 세금이 영국 전체에서 모두 10위 안에 들었답니다.

과연 민영화가 어떤 것이기에 천덕꾸러기 오리를 황금알 낳는 거위로 변화시켰을까요. 우선 공기업이 생기는 이유를 알아보죠.

도로를 예로 들어볼까요. 도로는 우리가 생활하는 데 반드시 필요한 것이지만 그냥 두면 누구도 먼저 나서서 도로를 닦으려 하지 않습니다. 철도와 전력·수도·통신 같은 것도 마찬가지지요. 이런 것을 가리켜 사회 모두가 필수적으로 이용해야 하는 공동 재산이라는 뜻으로 '사회간접자본'이라고 합니다.

개인이나 일반 기업이 만들 수도 있지만, 많은 돈이 들어가기 때문에 대부분의 나라에선 정부가 회사(공기업)를 세워 이런 것들을 만듭니다.

정부는 또 꼭 필요하다고 느끼는 산업을 발전시키기 위해 공기업을 세우기도 합니다. 우리 정부가 수출을 돕기 위해 무역진흥공사를 세우고, 철강 산업을 키우기 위해 포스코(옛 포항제철)를 만든 것이 여기에 해당합니다.

공기업의 수익은 전기료·통신료·지하철 요금과 같은 공공 요금이나 정부에서 받는 수수료로 이뤄집니다.

이들 공기업은 사실 1960~70년대에 주택, 댐, 비료 공장, 발전소, 철도, 도로를 건설하는 등 많은 일을 했습니다. 그런데 시간이 흐르면서 문제가 생겼습니다. 생산성과 효율이 떨어졌고 빚이 계속 늘어난 것입니다. 사업을 독점하고 있기 때문에 공기업이 만든 물건이나 서비스의 질이 떨어진다 해도 국민들이 이용할 수밖에 없어 게으름을 피운 결과라고 할까요.

민간 기업은 다른 기업보다 물건을 잘 만들지 못하면 제품이 안 팔려 직원들 월급 주기도 어렵지요. 또 주식 값이 떨어져 주주들이 손해를 봅니다. 이런 상태가 오래 이어지면 회사가 문을 닫을 수도 있기 때문에 임직원들은 열심히 일할 수밖에 없지요.

하지만 공기업은 독점 사업이 많다 보니 경쟁 회사가 거의 없어 맡은 일만 최소한으로 할 가능성이 큽니다. 돈이 잘 벌리지 않을 때도 싸게 만들거나 잘 팔리도록 개선하겠다는 생각보다는 값 올릴 생각을 먼저 하게 됩니다. 특히 공공 요금은 다른 요금이나 물가에 큰 영향을 미치기 때문에 웬만하면 올리지 않도록 정부가 지도하지만 그 결과 생기는 손해는 정부가 어떻게든 메워주어야 합니다.

'정부가 철저히 감시를 하면 되지 않느냐'고 생각할 수 있지만 그리 쉽지 않습니다. 공기업의 주인은 분명 국민이지만 국민은 주인으로서의 감시 권한을 정치인(국회)에게 위임했고, 정치인은 이를 공무원(행정부)에게, 행정부는 이를 다시 공기업에 맡겼기 때문입니다. 이처럼 대리인들이 많다 보니 자연히 어느 한쪽을 꼭 집어서 잘못을 따지기가 힘듭니다. 공기업 사장으로선 적자를 줄이겠다며 인원과 조직을 축소하는 등 구조조정에 나섰다가 노동조합이 파업이라도 하면 더 골치가 아픕니다.

공기업은 또 갈수록 커지는 속성이 있습니다. 회사가 커지고 자회사가 많아야 승진도 빨리 하고, 경쟁에서 밀려나더라도 자회사로 옮겨 다른 일자리를 얻을 수 있기 때문이죠.

정부가 1980년대 이후 한국이동통신 등을 민영화하며 공기업의 덩치를 줄이려고 했지만, 결국 수십 개의 공기업 자회사들이 새로 생겨난 것도 이 같은 속성 때문입니다.

이처럼 공기업이 국가 경쟁력을 갉아먹고 국민 부담을 늘리자 세계 각국은 80년대부터 공기업 개혁에 나섰습니다. 공기업이 독점해온 분야에 민간 기업을 참여시켜 경쟁하도록 하거나, 공기업을 아예 민영화하는 것이지요.

우리나라도 요즘 나름대로 열심히 공기업을 민영화하고 있습니다. 공기업을 민간 기업에 맡겨 '경영을 잘하면 잘 벌고, 못하면 못 버는' 책임 경영 체제로 바꾸는 것이죠. 독점의 우려가 있는 공기업은 몇 개 회사로 분할해 서로 경쟁하도록 만들기도 합니다.

하지만 늘어나는 것을 막는 일도 어려운데, 있는 공기업을 정리하는 것은 또 얼마나 힘들겠어요?

공기업과 그 노조들은 '민영화하면 요금이 올라간다' '재벌들이 독식한다' '(공기업이 외국에 팔릴 경우) 국내 산업이 외국 기업에 종속된다' '기업들은 이윤만 추구하기 때문에 서비스 질이 낮아진다' 는 등의 이유를 내세워 반발한답니다.

이에 대해 정부의 공기업 민영화 업무를 맡고 있는 기획예산처 관계자는 "민간 기업이 하지 않겠다고 하면 모를까, 일단 산업이 발전해 민간 기업도 할 수 있는 여건이 됐다면 과감하게 민영화하는 것이 세계적인 추세"라고 강조합니다.

'좋은 제품' 만들게 하는 채찍이지요

'스마트' '아이비클럽' '에리트'란 브랜드로 교복을 생산하는 3개 업체가 2001년 초 정부에 크게 혼난 일이 있지요. 공정거래위원회로부터 115억 원이란 거액의 과징금을 부과받은 일 말이에요. 한 벌에 7만 7000~11만 5000원이면 적당한 학생복 값을 3개 업체가 서로 짜고 두 배 가까운 15만~21만 원을 받아왔던 것이죠.

많은 사람들이 교복 생산업체를 혼내준 정부에 박수를 보냈지요. 그러나 정작 그 박수를 받아야 할 사람은 따로 있었어요. 바로 교복의 소비자인 틴틴 학생들입니다. 물론 학부모도 빠질 수 없지요. 학부모들이 어른 양복에 버금가는 브랜드 학생복 값에 반발해 한 명 두 명 모여 시작한 일이니까요.

학부모들은 이 일을 진행하는 도중 업체 측의 방해가 있었지만 물러서지 않았어요. 학생들도 유명 브랜드만을 고집하지 않고 학부모들을 잘 따라줘 마침내 '과징금 부과'를 이끌어낸 것입니다.

소비자는 이처럼 엄청난 힘을 갖고 있답니다. 아무리 좋은 물건을 생산하는 공장이나 판매업소라도 소비자가 사주지 않으면 문을 닫을 지경에까지 이르니까요. 그런데 평상시엔 왜 소비자들이 그 힘을 쓰지 못하고 생산자나 판매자에게 피해를 보면서 끌려다니는지 궁금하지요.

해답은 간단해요. 앞서 설명한 소비자의 힘이란 것이 이론에 불과하기 때문이죠. 현실적인 시장 환경은 전혀 그렇지 못해요.

"대량 생산 · 대량 소비 시대가 되면서 사업자는 공룡처럼 커졌습니다. 풍부한 자본력과 정보력·조직력으로 가격이나 거래 조건을 소비자와 합의 없이 일방적으로 결정하지요. 물건이 안 팔리면 얼른 다른 상품을 만들어낼 수도 있죠." 서울대학교 소비자아동학과 여정성 교수의 말입니다.

여 교수는 또, "소비자 수도 덩달아 늘어나긴 했지만 뭉칠 수 없는 모래알 같아 힘은 오히려 약해졌다"는 말도 빠뜨리지 않았어요. 또 상품의 결함은 대량·무차별적인 판매로 소비자 피해 범위가 걷잡을 수 없이 커졌지요.

게다가 여러 가지 분업화한 생산 공정을 거친 제품이라 원인 규명도 불가능한 경우가 많지요. 이렇기 때문에 소비자 운동과 소비자 보호란 구호가 등장하는 겁니다.

정부가 소비자와 사업자 사이에 개입하는 것도 이 같은 힘의 불균형과 무차별적인 피해를 걱정했기 때문인 거죠. 소비자보호법·공정거래법 등을 제정해 기업들끼리 올바른 경쟁을 하도록 하고, 한국소비자보호원을 설립해 소비자 피해를 줄이려고 노력하잖아요.

그렇다고 개인 소비자들이 손을 놓고 있던 것은 아닙니다. 개개인이 대항할 수 없는 일에 대해 집단 행동을 취하는 등 능동적으로 그들의 권익 보호에 나섰지요. 우리나라에선 이 같은 소비자 보호 운동이 1960년대부터 시작됐어요. 산업화가 한창인 시기이다 보니 소비자 단체의 집단 행동에 대한 부정적인 시각도 컸어요.

소비자 문제를 연구하는 시민의 모임 김재옥 회장은 "소비자 운동의 초창기에는 기업이나 정부나 곱지 못한 시선을 보냈다"며 "산업화를 향해 갈 길도 바쁜데 소비자들이 경제의 발목을 잡는다는 비난도 있었다"고 전하더군요.

그러나 그때부터 소비자들의 볼멘 목소리가 없었다면 국내 기업들이 이만큼 국제 경쟁력을 갖춘 모습으로 발전했을까요. 파리·뉴욕·도쿄(東京)·홍콩의 높은 빌딩 옥상에 있는 우리 기업들의 네온사인 간판을 보면 얼마나 뿌듯합니까. 소비자의 잔소리가 품질 관리나 신상품 개발에 채찍이 되지 않았을까요.

이젠 기업, 즉 사업자들도 소비자를 바라보는 시각이 달라졌어요. 기업마다 '고객 만족 경영' '고객우선주의'를 외치잖아요. 고객 모니터를 활용해 돈을 들여가면서 소비자의 목소리를 들으려 하고 소비자 불만도 신속하게 처리하잖아요.

㈜LG생활건강 고객상담실 관계자는 "소비자들이 기업 활동에 지장을 초래한다는 통념은 없어진 지 오래다"며, "소비자의 불만과 지적을 제품의 개발과 생산으로 연결해 보다 나은 품질과 서비스를 재창출하고 있다"고 강조하더라고요.

그러나 무엇보다 중요한 것은 소비자 자신의 주권입니다. 소비자의 선택이야말로 시장을 통해 사회 전체의 자원 배분을 결정하는 권리인 게죠. 민주사회에서 국민이 정치적인 주권을 가졌듯이 시장경제에서는 소비자가 경제적인 주권을 쥐고 있다는 의미죠.

한국소비자보호원 소비생활연구팀 배순영 박사는 "정치민주주의는 올바른 투표, 즉 선거를 통해 달성되는 것처럼 경제민주주의는 소비자의 올바른 선택, 즉 소비 행위를 통해 이뤄지는 것"이라고 말합니다.

산업혁명이 잉태……
나라마다 상황 달라

TV에서 파업 장면들을 보고 놀란 적이 있을 거예요.

환자들은 아랑곳하지 않고 연좌 농성을 벌이는 의사와 간호사들, 비행기가 뜨지 않아 손님은 발을 동동 구르는데 아무 상관 없다는 듯 농성장에 앉아 있는 조종사들, 붉은 띠를 머리에 두르고 춤추며 큰 소리로 노래 부르는 노동자들.

왜들 그럴까, 궁금하지요?

하지만 답은 그리 간단하지 않아요.

역사 · 문화 · 전통 · 이념이 뒤얽힌 문제이기 때문이지요.

노동자와 사용자의 이해가 워낙 첨예하게 맞서 있다 보니 어느 한쪽만 옳다고 얘기하기도 힘들지요.

'파업' 이란 노동자들이 일정 기간 집단으로 일을 하지 않는 것을 말합니다. 파업은 노동자와 기업 모두에게 엄청난 손실을 주지요.

노동자들은 임금을 받지 못하고, 회사는 수천억 원의 손해를 보기도 합니다. 심지어는 회사가 문을 닫기도 해요.

노동자들은 그래도 자신들의 목적을 달성하기 위해 파업을 합니다. 몇 년 전의 서울대병원 파업은 퇴직금 누진제를 인정해달라는 것이었고요, 항공사 파업은 조종사들이 경영에 참여시켜달라고 요구했던 것이지요.

이렇게 보면 노동자들이 이기주의자 같지요?

하지만 꼭 그런 것은 아니랍니다. 회사 경영에 참여할 수 없는 노동자로서는 파업이 자기 주장을 관철할 수 있는 가장 강력한 무기라고 생각하기 때문이지요.

파업은 역사적으로 중요한 역할을 했어요.

파업은 18세기 산업혁명과 함께 시작했지요.

당시만 해도 노동자들은 힘이 없었지만 산업이 발전하면서 노동자 수가 늘자 점차 힘을 발휘했습니다.

19세기 중반 이후에는 사회주의자나 노동운동가의 지원으로 조직적으로 파업을 하면서 사용자를 괴롭혔어요.

20세기 들어 노동자들은 본격적으로 사용자와 싸울 수 있었습니다. 1917년 러시아 혁명은 사회주의자들의 전략이 먹혀들어 성공했던 것이지요.

제2차 세계대전이 끝나기 전까지 선진국들은 수없이 파업을 경험했답니다. 1926년 임금 삭감에 저항하기 위해 단행된 영국의 총파업은 그중에서도 아주 유명했어요.

1929년 시작한 대공황도 노동운동에 중요한 영향을 줬습니다. 미국 정부는 너무 가난한 노동자들이 소비를 못해 공황이 발생한 것으로 보고 노동자 우대 정책을 펼치며 파업이 있어도 공권력을 거의 투입하지 않았습니다.

프랑스는 1936년 총파업을 단행해 사용자들을 완전히 제압하기도 했습니다. 이때 프랑스 노동자들은 공장 시설 점거라는 새로운 파업 방법을 동원해 주 40시간 노동, 주 5일 근무, 유급 휴가 도입이라는 어려운 소득을 올렸지요.

전쟁이 끝나고 호황이 오자 사용자들은 노동자의 소득이 늘도록 배려했습니다. 50~60년대 노동자들은 '부유한 중산층'이 돼가고 있었어요.

그런데 70년대 오일 쇼크는 상황을 역전시켰습니다. 사용자들은 약간의 파업에도 예민하게 반응했습니다.

그리고 이때부터 유럽과 영국·미국은 전혀 다른 길을 걷기 시작했습니다. 유럽 대륙은 노동자들에게 더 많은 권한을 주며 법을 지키게 했습니다.

반면 영국과 미국은 강압적인 방법으로 법을 지키게 했지요.

우리나라의 노동운동은 아주 특이한 사례로 꼽힌답니다. 식민지 시절, 노동운동은 독립운동과 연계됐지요.

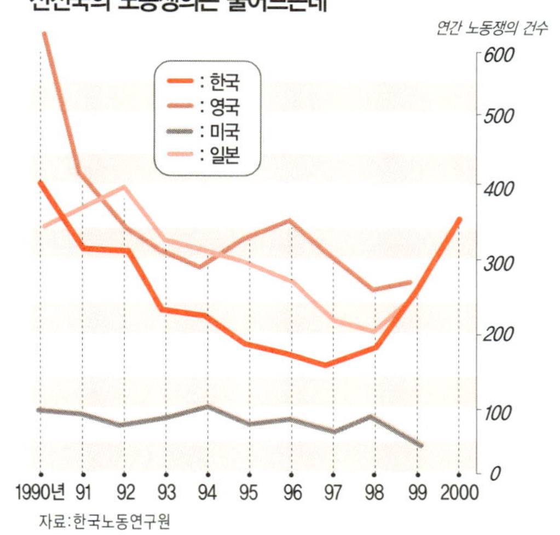

처음부터 정치색을 띤 것이었어요. 일제 강점기인 1937년, 원산에서 아주 유명한 총파업이 있었어요. 일본인 중간관리자가 조선인 노동자를 구타한 사건이 계기였어요.

해방 후에는 반(反)독재·민주화 운동과 연계됐어요. 70년대 YH사건이나 1987년 6월항쟁이 대표적이지요.

전문가들은 이 같은 역사와 전통이 이제 문제로 드러나고 있다고 말하고 있어요. 한국노동연구원의 관계자는 "전통·문화·역사가 구조적으로 결합했다"며 "파업이 너무 과격하고 법을 지키지 않는 게 문제"라고 지적합니다.

화염병을 던지고 공장 시설이나 도로를 점거하는 것은 불법이라는 것이지요. 파업을 하기 전에 조정 절차를 거쳤는지, 노조 이외의 사람이 개입했는지,

정치적 목적은 없는지, 폭력과 파괴 행위는 없었는지가 합법 여부를 따지는 기준입니다.

노조 일만 하는 전임자에게 급여를 줘야 하는지, 일을 안 하고 파업할 때도 급여를 줘야 하는지도 문제가 되고 있지요.

회사 측은 노조 전임자의 경우 회사를 위해 일하는 게 아니니까 회사가 급여를 줄 필요가 없다는 입장이지요.

또 파업 기간 중에는 일을 안 하니까 그 기간만큼은 급여를 주지 않는다는 '무노동 무임금' 원칙을 내세우고 있습니다.

이념 문제도 복잡해요. 노동운동은 사실 사회주의와 연계될 가능성이 크답니다. 사회주의 이념 자체가 노동을 중시하기 때문이지요.

그러나 대다수 전문가들은 노동운동은 어디까지나 노동자의 생활과 근로 환경을 개선하는 선에서 끝나야 한다고 말합니다.

이념이 개입하면 정치적이고 사회적인 문제를 제기하게 되고, 자칫 사회 안정을 깰 수 있다는 것이지요.

식민지도, 독재시대도 아닌 요즘 노동운동의 정치·사회성은 배제돼야 한다는 것입니다.

흥망 좌우할 '결정' 내리니까

기업 활동에서 최고 경영자의 역할은 매우 중요합니다. 경영학자들은 "중진국 단계에선 유능한 창업자가 중요하지만, 선진국에 진입하려면 전문 경영인 층을 두텁게 해야 한다"(조동성 서울대 경영대학장)고 강조합니다. 무에서 유를 일군 창업 세대에서 앞을 보고 달리는 돌파력이 중요했다면, 글로벌 경쟁에 맞서야 하는 오늘날 기업에는 전후좌우를 잘 살필 줄 아는 경영 전문가가 절실하다는 이야기겠죠.

최고 경영자란 쉽게 말해 사업체를 대표하는 사람, 대표이사 사장이라고 생각하면 됩니다. 민간 기업뿐 아니라 토지공사 같은 공기업이나 은행의 대표도 물론 최고 경영자입니다.

최고 경영자란 원래 CEO(Chief Executive Officer)라는 영어를 번역한 거예요. 기업에는 관계 당국에 신고한 이사(Executive)가 있고 이들이 모여 회사의 경영 방침을 결정하는 이사회라는 기구가 있어요. CEO란 이 가운데 최고(Chief) 이사란 뜻입니다. CEO라는 말이 우리나라에서 기업의 대표를 뜻하는 말로 일상화된 지는 그리 오래되지 않았어요.

✳ 최고 경영자는 왜 중요할까요

기업 규모가 커질수록 최고 책임자의 판단이 기업의 존립과 종업원의 운명을 더욱 좌우하게 됩니다. 주주나 투자자들에게 큰 손실을 끼칠 수도 있겠지요.

몇 년 뒤의 경기를 정확히 예측해 투자를 얼마나 할지, 사람은 얼마나 뽑을지, 현금은 얼마나 비축해둘지, 새로운 유망 사업에는 언제 어떻게 진출할지 등을 자금·기획·영업·연구개발을 맡는 부서에서 열심히 연구해 보고합니다. 하지만 결국 최종 결정과 이에 따른 책임은 CEO의 몫입니다.

고 최종현 SK 회장은 생전에 "왜 오후에 출근하느냐"고 물으면 "CEO는 시시콜콜한 일을 챙기기보다 회사의 큰 갈림길에서 올바른 판단을 내릴 수 있어야 한다. 오전에 기(氣) 수련으로 몸과 마음을 단련한다"고 답하곤 했어요.

3대째 가업을 승계하고 있는 일본의 한 화학 중소기업은 2세가 CEO 자리를 물려받는 즉시 담배·술을 못하게 하는 가훈까지 정해놨답니다.

큰 기업은 이미 한두 사람의 유능한 CEO만으로 경영할 수 없는 시대가 되기도 했습니다.

삼성전자를 볼까요. 반도체·전자제품과 정보통신 등 다양한 업종에서 연간 매출액이 34조 원, 종업원이 4만 8000명에 달합니다. 이 회사에 대표이사가 다섯 명이나 되고, 사장 이상 직함을 가진 최고 경영자가 열 명이 넘는 것은 어찌 보면 당연해요.

선진국의 대기업들 중엔 전문 경영인들을 아예 분야별로 나눠 일종의 집단 경영 체제를 갖춘 곳이 많습니다. 자금(CFO), 지식 정보(CIO), 사업 집행(COO), 기술 개발(CTO)은 기본이고 마케팅(CMO), 브랜드 관리(CBO), 홍보(CCO)까지 분야별 최고 경영자를 둬 총수인 CEO에 버금가는 권한을 주고 있어요. 자기가 맡은 분야에선 CEO와 같은 역할을 하는데, 우리나라도 요즘 큰 기업들은 이런 제도를 도입하고 있답니다.

구미에서는 CEO가 누구인가에 따라 기업의 가치, 즉 주가가 오르락내리락 하는 일이 흔해요.

메이저 리그의 일류 야구 선수들처럼 연봉이 수백억 원에 달하는 CEO들도 허다합니다. 미국에서는 유능한 CEO가 많고 이들이 이름값(경영 실적)을 톡톡히 한다는 것이 전례를 통해 입증돼 있기 때문에 천문학적인 돈을 CEO에 쏟아붓는 것을 아까워하지 않습니다.

요즘 우리나라에서도 이런 조짐이 조금씩 보이고 있어요. 필라코리아라는 이탈리아계 의류업체의 윤윤수 사장은 외국 대주주의 신임을 받아 연봉 10억 원 이상을 받으며 사장에 발탁돼 고액 연봉 시대를 열었지요.

미국처럼 'CEO 주가' 라는 현상도 생겼습니다. 한국전기초자라는 브라운관 업체를 도산의 위기에서 살려낸 서두칠 사장이 최근 일본 모 기업과의 알력으로 퇴임하자 이 회사 주가가 급락했던 일, 또 2001년에는 사표를 낸 김충식 현대상선 사장이 복귀하지 않으면 채권단이 자금 지원을 중단하겠다고 으름장을 놓은 일 등이 비근한 예입니다. 과거 김정태 동원증권 사장이 주택은행장으로 발탁되자 주택은행 주가가 오른 일, 한국엔지니어링플라스틱이라는 화학업체를 미국 회사가 인수할 때 당시 최동건 사장의 유임을 인수의 전제 조건으로 내세운 일 등도 그런 사례지요.

CEO의 이미지가 주가에 큰 영향을 미치기 시작하자, 삼성·LG 등 주요 대기업들은 특정 CEO를 키우는 일을 조직적으로 하기 시작했어요. 이를 'CEO 브랜딩' 이라고 하지요.

"과거 CEO는 생각하는 존재였으나 이제는 대중가수처럼 가창력(대외 이미지)을 길러 팬클럽(주주의 호감)을 확보해야 한다"는 이야기지요. 경영을 잘하는 것은 물론이고 이를 제대로 홍보해 CEO의 브랜드 가치를 높여야 한다는 것입니다. 요즘 CEO들이 바쁜 시간을 쪼개 세미나에 참석하거나 대학 강단에 서는 것도 이런 일과 무관하지 않을 거예요.

✳ CEO의 명과 암

이제까지의 이야기만 놓고 보면 CEO는 부와 명예를 한 손에 쥔, 직장인들의 선망의 대상으로만 비쳐질지 모르겠네요. 그러나 "물건은 안 팔리는데 월급날은 돌아오고 어음은 막아야 해 밤잠을 못 이룬다"고 털어놓은 한 반도체 부품업체 사장의 말처럼, 많은 CEO들은 고민·고독·고통을 친구 삼아 지낸다고 합니다.

요즘 미국의 엔론·월드컴 등 유수한 다국적 기업들의 회계 부정 사건이 불거지면서 화살이 온통 회사 CEO에게 집중되는 것만 봐도 그래요. 덕분에 미국 CEO들이 받았던 천문학적인 보수가 거품 아니냐는 비판까지 나오고 있어요.

앞으로는 기업을 투명하게 경영하라는 주주와 시민들의 압력이 더욱 거세질 게 뻔해요. 우리나라에서도 집단소송제가 도입되면 자칫 엄청난 손해배상을 해야 하는 일까지 벌어질 수 있어요. 미국에선 증권회사 같은 기관투자가들이 투자한 회사의 주가가 떨어지면 이사회에 압력을 넣어 CEO를 갈아치우는 일이 이미 다반사입니다. 대우·고합·한보철강 등 한순간에 어려워진 기업들을 보면 경영을 잘한다는 게 얼마나 어려운 일인지 짐작할 수 있지 않을까요.

Part 2

지구촌 경제는 하나

국제무역 질서의 변천

세계무역기구(WTO)는 어떻게 생겨났을까요? 1995년 1월에 갑자기 생기지는 않았겠죠. 그래요. 이미 1947년에 세계 각국의 무역 문제를 해결하기 위해 미국 · 영국 등 23개 나라가 참여하는 '관세와 무역에 관한 일반 협정(GATT, General Agreement on Tariffs and Trade)' 이 만들어졌지요.

이전까지만 해도 통일된 무역 기준이 없었거든요. 그때엔 아시아 · 아프리카 · 남미의 많은 나라들이 영국 · 프랑스 · 일본 등 큰 나라의 식민지가 돼 있었어요. 그 상황에서는 큰 나라 사이에 경제 · 정치적 이익이 충돌할 경우 서로에게 이익이 되도록 조정할 방법은 없게 되지요. 나라 사이의 관계가 좋지 않을 땐 '관세→보복 관세' 의 고리를 끊을 수가 없었고 결국 무력까지 사용하게 되는 것이죠. 1914~1918년과 1938~1945년 전세계를 폐허로 만든 1 · 2차 세계대전이 대표적인 예입니다.

전쟁 후 무역 질서도 매우 혼란스러워 통일된 무역 기준이 필요했지요. 세계 여러 나라는 GATT를 만들어 이를 풀어나갈 수 있는 실마리를 찾은 거죠.

하지만 GATT는 나라 간의 약속인 '협정' 일 뿐이었어요. 법률을 만들어놓고 양심에 따라 지키도록 해놓은 것과 마찬가지죠. 그러니 많은 나라들이 자신들에게 손해가 되면 "못 지키겠다"고 약속을 깨는 경우가 많아졌지요. GATT 회원국들은 일곱 번의 협상(라운드. 'round of talks' 의 준말로 '일련의 교섭' 이란 뜻이죠)을 통해 관세 등을 조정하다가 1993년 12월, 8번째 협상인 우루과이 라운드(UR, 우루과이에서 협상이 시작돼 이렇게 부르죠)에서 WTO를 만들기로 합의한 거죠(처음엔 이 협상이 우루과이가 아닌 한국에서 열릴 예정이었습니다. 하지만 주최국이 무역 자유화에 적극적이지 않으면 안 된다는 불안감 때문에 우리나라가 사양한 것이죠. 우리나라에서 열렸다면 이 협상 이름은 '코리아 라운드' 나 '서울 라운드' 가 됐겠죠?).

WTO는 GATT에서 다루었던 관세 중심의 무역 협정과 함께 세계 무역에서 일어나고 있는 모든 문제를 다루는 국제무역기구지요. GATT와는 달리 협정을 위반한 나라에 불이익을 줄 수 있는 권한도 갖게 됐어요.

WTO가 생긴 후 처음으로 새로운 라운드에서 논의할 주제를 합의하기 위해 여러 나라 대표가 모인 것이 '시애틀 회의' 였죠.

돈 생기고 일자리 늘죠

　"올해(2002년)는 수출이 지난해보다 8.0% 증가한 1625억 달러, 수입은 7.0% 늘어난 1510억 달러로 무역수지는 당초 목표치 70억 달러를 넘어 115억 달러 흑자를 기록할 것으로 보인다."

　2002년 말 신문에 나왔던 내용이에요. 무역수지 흑자가 뭐기에 목표를 세우기도 하고, 이를 달성하면 '세계가 놀라기까지' 할까요? 나라와 나라 사이에 물건을 사고파는 것을 무역이라 하지요. 물론 여기에는 은행·여행 등의 거래도 포함됩니다.

　사우디아라비아는 석유가 나오지만, 한국은 자동차를 많이 만들지요. 이때 한국은 사우디아라비아에 차를 팔고 그 돈으로 석유를 살 거예요. 두 나라 모두 차에 석유를 넣고 타고 다닐 수 있을 테니까요. 다른 나라에 물건 파는 것을

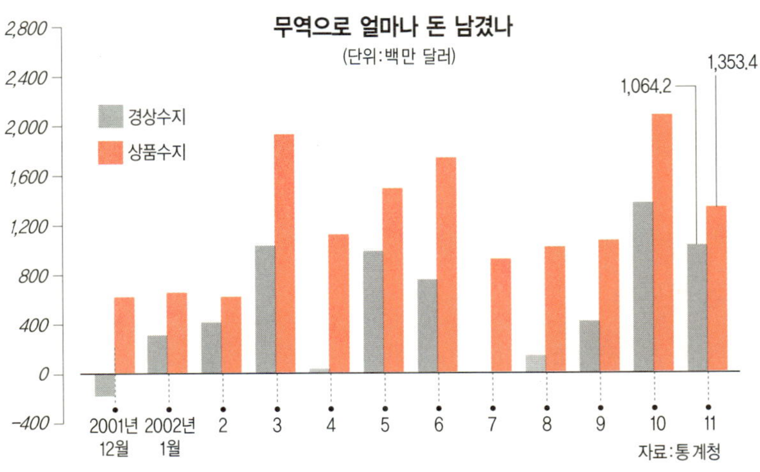

‘수출’이라 하고 물건을 사오는 것은 ‘수입’이라고 부릅니다. 이렇게 서로에게 이익이 되기 때문에 무역을 하는 겁니다.

무역을 할 때 수출과 수입의 차이를 ‘무역수지’라고 해요. 수출이 수입보다 많으면 ‘무역수지 흑자’, 그 반대의 경우엔 ‘무역수지 적자’라고 말하지요.

왜 정부가 수출을 더 많이 하려고 애쓰느냐고요? 무역수지 흑자는 상품을 팔아 번 돈(수출)이 상품을 사는 데 쓴 돈(수입)보다 많다는 얘기입니다.

물건을 사거나 여행을 다니는 등 돈 쓸 수 있는 능력이 커진다는 의미지요. 돈 쌓이는 것을 싫어할 사람은 없겠죠? 무역수지 흑자를 내면 돈만 쌓이는 게 아니에요. 일자리가 생깁니다.

수출이 늘면 수출하지 않을 때보다 더 많은 물건을 만들어 팔 수 있지요. 상품을 더 만들려면 예전보다 많은 근로자가 필요할 거고요. 이렇게 되면 일자리가 없어 길거리를 방황하는 사람들(실직자)도 줄어들 겁니다.

‘수출이 잘되면 고용이 는다’는 말도 이래서 나오는 것이지요. 무역수지 적자라면 반대의 일이 생길 거예요. 사람들은 자기가 번 돈보다 쓴 돈이 많으면 은행이나 친구들에게 빌리죠?

나라도 마찬가지예요. 무역수지 적자가 나면 외국에서 돈을 꿔와야 합니다. 그런데 계속 적자가 나면 어떻게 될까요. 외국에서 빚 갚으라고 독촉을 해도 우리나라는 갚을 수가 없게 될 거예요. 돈을 못 갚을 것 같으면 꿔주지도 않을 테니까요. 지난 1997년 말 우리나라에서 벌어진 외환 위기도 외국인들이 우리나라가 돈을 갚지 못할 것이라고 생각해 갑자기 돈을 빼간 데서 생긴 것이지요.

그렇다면 무역수지는 항상 흑자가 돼야 할까요? 꼭 그렇진 않습니다.

무역수지 흑자가 났다는 말은 국민이 그만큼 허리띠를 졸라맸다는 얘기지

요. 자기가 만들어낸 것보다 더 적게 소비했을 경우에만 흑자가 날 수 있으니까요. 신문에서 '사상 최대 흑자'라는 말을 자주 봤을 거예요. 이 말은 돌려서 생각하면 사람들이 열심히 일만 하고 돈은 쓰지 않았다고 말할 수 있어요.

소비로만 보면 오히려 무역수지 적자인 나라의 국민이 실속을 차리고 있다고 볼 수도 있어요. 미국은 1995년부터 분기마다 200억 달러 이상의 적자를 내고 있는 반면, 일본은 흑자를 많이 내고 있지요. 하지만 어느 누구도 일본 사람들이 미국인보다 넉넉하게 산다고 보지는 않을 거예요.

미국은 자기가 만든 것 이상으로 쓰고 있기 때문이죠. 미국은 벌어놓은 돈이 많아 아직은 괜찮지만 적자가 계속되면 1997년의 우리나라와 같은 꼴이 되지 않는다고 장담할 수 없겠죠?

결국 무역수지 흑자나 적자 그 자체보다는 무역을 통해 사람들이 얼마나 잘 살게 됐느냐가 더 중요한 겁니다.

또 흑자로 많은 돈이 들어오면 상품 값이 올라요. 영이와 철이가 500원씩 벌어 500원짜리 빵을 사먹었다고 생각해봐요. 그런데 수출을 많이 해 영이는 1500원, 철이는 1000원을 벌었지요. 돈을 많이 번 영이는 빵 두 개를 다 차지하려고 500원보다 비싼 값에 빵을 사겠다고 할 거예요. 철이도 굶지 않으려면 빵을 더 비싸게 산다고 하겠지요. 이렇게 되면 빵값은 자연스레 올라갈 겁니다.

상품 양은 정해져 있는데 예전보다 돈이 많이 돌았기 때문이지요. 이렇게 모든 상품 값이 들먹이면 경제가 불안해져요. 그래서 많은 나라들이 물가를 안정시키기 위해 '더도 말고 덜도 말고' 번 만큼 쓰려고 하는 거지요. 이를 무역수지 균형이라고 말합니다.

독일이나 영국의 무역수지가 균형(0)에서 왔다 갔다 하는 것도 이 때문이지요.

경기 좋아져도 물가 안 올라

미국의 『비즈니스위크』지(誌) : "미국 경제는 만들어 파는 물건이 크게 늘어 일자리 없는 사람(실직자)들이 줄어도, 물건 값(물가)은 오르지 않는 '신경제(New Economy)' 상태다."

영국의 『이코노미스트』지(誌) : "아니다. 그것은 잠깐 나타나는 현상이다. 상품 생산이 늘어 일할 사람을 구하기 어려우면 월급을 더 많이 줘야 한다. 물건 만드는 사람에게 돈을 더 주면 물건 값도 오를 것이다."

얼마 전 미국과 영국을 대표하는 경제 전문지들이 '신경제' 를 놓고 말다툼을 벌였지요. 신경제가 뭐기에 세계적으로 유명한 잡지들이 "내 말이 맞다" 며 다투고 있는 것일까요?

신(新)경제를 알려면 '구(舊)경제' 나 '헌 경제' 를 먼저 알아야겠죠? "경기가 '좋다' '나쁘다' "는 말을 많이 들었을 거예요. 이는 '경제 상태가 좋다' 는 뜻입니다.

한 나라에서 만들어 팔고 사는 물건이 크게 늘었다는 얘기지요. 예를 들면, 100만 원어치 상추를 생산해 팔던 영이네가 150만 원어치의 상추를 생산하게 됐다는 겁니다.

사람이 키가 크고 몸무게가 늘면 성장한다고 하지요. 마찬가지로 경제도 크기가 커지면 '경제가 성장한다' 고 말해요.

물건을 더 많이 만들어 팔고 사면(경제 성장) 어떤 일이 생길까요? 영이네는 상추를, 철이네는 배추를 생산해 판다고 상상해봐요. 상추와 배추를 사려는 사람이 많게 되면 이들은 생산을 늘릴 거예요. 하지만 더 많이 생산하려면 일할 사람이 필요하겠죠?

그러면 주변에 일자리가 없는 사람들을 데려다 쓸 거고요. '경제가 성장하면 실업률이 줄어든다' 는 말도 이래서 나오는 겁니다.

그런데 일자리가 없는 사람들을 거의 다 쓰고 몇 명 남지 않았다면 어떻게 될까요? 영이네와 철이네는 남은 사람을 서로 데려가려고 '아우성' 칠 거예요. 이것도 모자라 상대방 밭에서 일하는 사람들에게 "돈을 더 줄 테니 우리 밭에서 일하자"고 말하기도 할 겁니다.

이렇게 되면 일하는 사람(근로자)의 월급(임금)은 자연스레 오르는 것이지요. 그런데 일하는 사람의 월급만 오르는 것으로 끝나지 않아요. 상추 · 배추 값도 뛸 겁니다.

영이네 집에서 한 사람이 상추를 10만 원어치(100상자×1000원) 생산했다고 할까요. 이 가운데 8만 원이 일하는 사람 월급이었고, 나머지는 영이네가 가져 갔지요.

그런데 일하는 사람 월급이 9만 원으로 오르면 어떻게 되겠어요. 영이네가 예전과 똑같은 이윤을 남기기 위해서는 상추 값을 상자당 100원씩 올려야 할 겁니다.

또 100원 비싸게 받아도 사려는 사람이 많을 테니 영이네는 주저없이 올릴 거고요. 더 많은 상품을 만들면 상품 값이 뛰는 이유가 또 있어요. 영이네는 열명이 일하면 한 사람당 100상자씩 생산하기에 알맞은 크기의 밭을 갖고 있었지요. 그런데 일하는 사람이 늘면 어떻게 되겠어요. 상추 씨를 뿌릴 땅은 좁은데 말이에요. 새로 들어와 일하는 사람은 100상자보다 적은 양(예를 들어 90상자)

을 생산할 수밖에 없을 거예요. 그 다음 사람이 생산한 상추의 양(80상자)은 더 적어질 거고요.

이렇게 노동자 한 사람을 더 썼을 때 추가로 만들어진 생산물(한계 생산물)이 줄어드는 것을 '수확한 양이 줄어든다' 해서 '수확 체감의 법칙' 이라고 하지요.

예전엔 8만 원 받는 사람이 10만 원어치를 수확했는데 이제는 9만 원어치밖에 생산하지 못하게 된 것이죠. 이때도 영이네가 예전과 같은 수준의 이익을 남기려 한다면 상추 값(물가)을 올려야 할 겁니다.

이렇게 경제가 성장하면 일 없는 사람이 줄고 물가가 오르게 된다는 것이 '헌 경제' , 즉 전통 경제 이론이지요. 물론 경기가 안 좋을 땐 그 반대의 일이 벌어지겠죠?

또 실업률이 줄어들면 물가가 오른다는 것을 그래프로 나타낸 것이 바로 '필립스 곡선' 이지요. 1958년 A. W. 필립스라는 영국인이 물가와 실업률이 반대 방향으로 움직인다는 것을 처음으로 밝혀내 그의 이름을 따 '필립스 곡선' 이라 해요.

흔히 "경제 성장과 물가 안정이라는 두 마리 토끼를 함께 잡을 수 없다"는 것도 이런 이론 때문에 하는 말이지요.

그런데 요즘 미국에선 전혀 다른 일이 벌어지고 있어요. 경제가 계속 성장하고 있는데도 물건 값은 오르지 않는 거예요. 일부 경제학자들은 이를 예전의 이론으론 설명할 수 없다고 해서 '신경제' 라고 말하는 것이고요.

이들은 정보통신·컴퓨터 분야의 기술이 크게 발전해 전통 경제학의 수확 체감의 법칙이 아닌 '수확 체증' 현상이 벌어지고 있다고 주장하지요. 수확 체

증은 말 그대로 사람이나 기계 등을 하나 더 썼을 때 추가로 만들어진 생산물이 그전보다 많이 늘어나는 것을 뜻해요.

영이네가 사람을 더 뽑아 써서 월급이 8만 원에서 9만 원으로 올랐다고 생각해봐요. 보통 때 같았으면 수확 체감의 법칙이 일어나 상추 값을 올릴 겁니다.

그런데 영이네가 비닐하우스라는 새로운 기술을 개발했다고 쳐요. 예전과 달리 겨울에도 상추를 재배할 수 있어서 한 사람이 120상자씩 생산한다고 하면 영이네는 3만 원(12만 원—9만 원)이 남죠.

상추 값을 올릴 필요도 없고요. 100상자 생산하던 사람이 120상자를 수확하니 수확 체증 현상이 벌어진 것이지요.

신기술로 경기가 좋아져서 실업률이 줄어드는데도 물가는 오르지 않게 되는 거죠. 미국이 바로 이런 경우라는 겁니다.

위의 예에서 영이네 집은 인터넷 · 컴퓨터 등 정보통신 관련 업체로, ‘비닐하우스’ 는 인터넷 등의 신기술이라고 보면 되지요.

마이크로소프트(MS)사의 윈도 같은 소프트웨어를 만들 때 처음엔 개발비 등으로 돈이 들지만 나중엔 큰돈 들이지 않고 찍어내기만 하면 되지요. 이 경우 수확 체증 현상이 생긴다고 볼 수 있어요.

하지만 전통 경제 이론을 지지하는 사람들은 생각이 달라요. 19세기 말, 20세기 초에 전기와 TV · 라디오 등이 발명됐을 때 당시 사람들은 물가가 상승하지 않는 경제 성장이 계속될 것이라고 믿었지만 그런 일은 벌어지지 않았다고 말하고 있어요.

이번에도 잠깐 동안 벌어지는 특이한 현상이지, 오랫동안 계속돼 전통 경제 이론을 바꿀 정도는 아니라는 것이지요.

외국에 물건 팔기 힘들어져요

환율(換率)이란 말 그대로 두 나라 간 돈(換)의 교환 비율(率)입니다. 쉽게 말하면 우리나라 돈으로 매긴 외국 돈의 값입니다.

돈에도 값이 있는 셈이지요. 요즘 신문의 환율표를 보면 미국 달러에 대한 환율이 1200이었습니다. 이는 미국 돈 1달러의 값이 우리 돈으로 1200원이란 뜻입니다.

거꾸로 이야기하면 우리 돈 1원은 '1200분의 1' 달러라는 것이지요. 해외 여행이나 연수 · 유학을 가려면 그 나라 돈으로 바꿔야 합니다. 미국에 가서 물건을 사려면 국내 은행이나 공항 환전 창구에서 우리 돈(원)을 미국 돈(달러)으로 바꿔야지요. 당연히 돈을 바꾸는 비율이 있을 테고 이것이 환율입니다. 무역회사가 다른 나라와 물건을 사고 팔 때도 마찬가지입니다.

환율은 두 나라 간 돈의 교환 비율이므로 미국 · 일본 · 유럽 · 태국 등 다른 화폐를 쓰는 나라의 수만큼 다른 환율이 생깁니다.

그런데 우리는 미국 돈 1달러를 바꾸는데 왜 1000원짜리 지폐에다 100원 · 10원짜리 동전 몇 개를 더 얹어주어야 할까요? 달러가 그만큼 쓸모가 많기 때문에 값을 높게 쳐주는 것입니다.

미국의 경제력이 우리나라보다 월등 강하고 달러가 있으면 세계 어디를 가나 통용된다는 이점 때문에 미국 돈이 비싸진 것이지요. 정도의 차이는 있지만 일본 · 유럽 등 선진국의 돈값은 대체로 비쌉니다. 그래서 어느 나라든 달러, 엔이나 유럽연합(EU) 화폐인 유로 등에 대한 환율을 많이 쓰는 것입니다.

증시 세계화 현상에다
'따라 하기' 심리 큰 탓

주식 투자를 하는 여러분 부모님 중에는 아침에 일어나면 TV를 켜고 간밤에 '미국 주식시장이 어떻게 됐나' 살피는 분들이 많을 거예요. 우리나라 주식에 투자를 하는데 미국 주식시장에는 왜 그리 관심이 많은 걸까요.

그 이유는 미국 주식시장 상황이 국내 주식시장과 비슷한 움직임을 보이는 경우가 많기 때문이에요. 2002년에 들어와 미국 주식시장이 약세를 보이자 우리 주식시장도 침체를 벗어나지 못하고 있는데, 이런 현상을 좀 어려운 말로 동조화(同調化)라고 한답니다.

이런 현상은 꼭 우리나라에만 해당되는 이야기가 아니고 선진국인 일본·유럽 등의 주식시장도 마찬가지예요. 그렇다면 이런 현상은 왜 나타나는 걸까요.

먼저 주가라는 것은 기업들이 좋은 상품을 많이 팔아 더 많은 돈을 벌 수 있을 것이란 기대감이 있어야만 올라간다는 것을 기억하지요. 이렇게 돈을 잘 버는 기업들이 많으면 자연히 나라 경제도 좋아지겠지요. 결국 미국의 주가가 오른다는 것은 사람들이 미국 경제가 앞으로 잘될 것이라는 기대감을 갖는 것이고 반대로 미국 주가가 떨어지는 것은 미국 경제의 장래를 나쁘게 본다는 것이에요.

문제는 미국 경제가 세계 경제에 미치는 영향력이 엄청나다는 점이에요. 후진국의 경제 개발 지원을 위해 설립된 '세계은행(IBRD)'이라는 국제기구에 따르면 2001년 한 해 동안 미국 내에서 생산된 상품과 서비스의 규모, 이를 국내

총생산(GDP)이라고 하는데 이 액수가 10조 2000억 달러나 됐어요. 물론 세계에서 가장 큰 규모랍니다.

이것을 우리나라 돈(1달러 = 1200원)으로 바꾸면 1경 2240조 원이란 액수가 나온답니다. '경'이라는 것은 '조' 다음의 화폐 단위예요. 이 돈을 우리나라 4500만 명의 국민들에게 나눠주면 1인당 2억 7000만 원씩 돌아가는 엄청난 규모랍니다. 2001년 우리나라의 GDP는 4222억 달러(약 506조 원)로 미국의 24분의 1 정도에 불과하답니다.

또 미국은 2001년에는 자기 나라 물건을 외국에 판 것보다 다른 나라 상품을 4174억 달러어치나 더 사들였어요. 미국 입장에서는 무역수지 적자고 다른 나라들은 흑자를 올린 것이에요. 우리나라도 2001년 미국을 상대로 88억 달러의 무역수지 흑자를 올렸어요. 세계 어느 나라도 미국만큼 다른 나라 물건을 많이 사주는 나라는 없답니다. 이런 이유 때문에 전세계 경제가 좋고 나쁘고는 사실 미국 경제가 좌우한다고 해도 지나친 말이 아니랍니다.

미국 기업들이 장사를 잘해 미국 경제가 좋아지면 자연히 미국에 반도체나 자동차, 휴대전화 등을 수출하는 우리 기업들도 돈을 더 많이 벌 수 있겠죠. 이렇게 되면 우리 기업의 주식을 사려는 사람들도 더 많아지고 주가도 자연스럽게 올라간답니다. 이제 우리나라 주가가 미국과 비슷한 움직임을 보이는 이유를 이해하겠지요.

미국 주식시장이 우리에게 중요한 또 다른 이유는, 미국을 비롯한 외국인 투자자들이 우리나라의 우량 기업 주식에도 많은 투자를 하고 있다는 것 때문이에요. 2002년 8월 말 기준으로, 우리나라의 상장 주식과 코스닥 주식의 가격을 전부 합한 금액은 346조 원인데 외국인들은 이 중 3분의 1 정도인 108조 6000

억 원어치의 주식을 갖고 있어요.

만일 외국인들이 삼성전자나 SK텔레콤, KT 등 우리나라 대표적 기업들의 주식을 팔아치운다면 주가가 떨어질 가능성이 크답니다. 대형 우량 기업들의 주가가 떨어지면 전체 주식시장에도 나쁜 영향을 미치게 되지요.

그런데 외국인 투자자들은 세계 경제 상황이 나쁠 것 같으면 미국을 비롯한 전세계 시장에서 주식을 팔고, 상대적으로 안전하고 이자도 받을 수 있는 채권을 사는 경우가 많답니다. 외국인 투자자들이 미국에서 주식 투자를 줄이기로 마음먹는다면 우리나라 주식시장에서도 주식을 팔아버릴 가능성이 커요.

이런 이유 때문에 미국 주식시장의 동향은 우리나라뿐만이 아닌 전세계 투자자들의 주시 대상이 되고 있는 것이에요. 결론적으로 미국 주식시장은 다른 나라의 주식시장의 상황을 예상할 수 있는 풍향계와 비슷한 역할을 하고 있는 것이랍니다.

사업체 여러 나라에 두고 장사해요

사람과 마찬가지로 기업에도 국적이 있습니다. 미국에서 생겨나 그곳에서 사업하는 회사는 미국 기업, 한국에 있는 회사는 한국 기업이라는 식으로 말입니다.

그렇다면 혹시 다국적(多國籍) 기업(MNCs, Multinational corporations)이란 말을 들어보셨나요. 다국적 기업은 말 그대로 여러 나라의 국적을 갖고 있는 회사를 말합니다.

처음에는 한 나라에서 시작했지만 차츰 전세계로 뻗어나가 여러 나라에서 같은 회사 이름으로 공장과 회사를 세워 사업하는 회사를 뜻해요. 따라서 이들에게 국적과 국경은 큰 의미가 없지요. 다른 말로는 '세계 기업' '글로벌(Global) 기업' 이라고도 해요. UN은 이런 회사를 '국경의 한계를 넘어선 기업' 이라는 의미에서 '초(超)국적 기업' 이라고 부릅니다.

다국적 기업은 단순히 다른 나라 물건을 사거나 파는 무역회사와 다릅니다.

예를 들어볼까요. 피자헛이라는 회사 아시죠. 피자를 만들어 파는 이 회사는 원래 미국에서 생겨났습니다. 그런데 물건이 잘 팔리자 외국에도 같은 이름의 가게를 내기 시작했어요. 지금은 100개가 넘는 나라에 2만 9000여 개의 매장을 두고 장사하고 있어요.

우리나라에도 한국피자헛이라는 회사를 세워 사업하지요. 한국피자헛은 미국의 엄마회사(모회사, 본사라고도 해요)의 지시를 받습니다. 다른 나라에 있는 피자헛도 마찬가지예요.

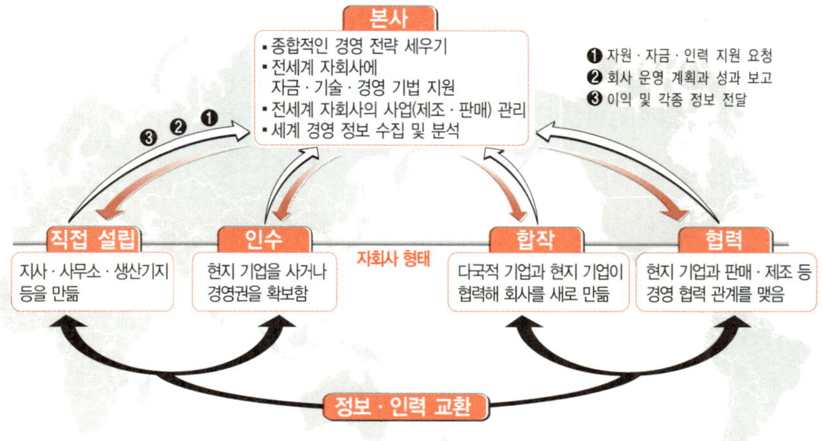

또 엄마회사로부터 기술과 브랜드(상표), 돈(자금), 인력(사람), 그리고 장사에 필요한 정보를 지원받거나 다른 나라에 있는 피자헛과 필요한 것을 서로 주고받는 체제를 갖췄죠.

특히 엄마회사는 전세계 어느 나라에 얼마만큼 투자할지, 또 어떤 나라에서 어떤 방법으로 장사할지를 고민하고 계획을 짜는 총책임을 맡습니다.

이 같은 기업의 거미줄 같은 짜임새를 지구촌 영업망(글로벌 네트워크, Global Network)이라고 해요.

이렇게 피자헛처럼 적어도 두 나라 이상에 공장, 기업을 갖고 사업하는 다국적 기업은 6만여 개에 이릅니다. 또 이들이 전세계에 갖고 있는 아들회사(자회사)는 50만 개가 넘는답니다.

최근 다국적 기업이 많이 생겨나자 연간 매출액이 수백억~1000억 달러이고 세계적인 기술과 경쟁력을 갖춘 기업들은 따로 '초(超)대규모 다국적 기업'이라고 부르자는 주장도 나오고 있습니다.

제너럴일렉트릭(GE), 마이크로소프트, 코카콜라, 필립스, 지멘스 같은 곳이 대표적인 초대규모 다국적 기업이지요. 세계에서 100번째 안에 드는 회사와 은행들은 대개 초대규모 다국적 기업이라고 생각하면 됩니다.

실제로 컴퓨터 회사인 IBM 같은 초대규모 다국적 기업은 1999년 1년 동안 875억 달러(우리 돈 약 105조 원)어치의 물건을 팔았어요(매출).

다국적 기업이 가장 먼저 탄생한 곳은 미국과 유럽이에요. 세계 최대의 자동차 회사인 제너럴모터스(GM)는 1920년대에 세계 18개국에 공장을 세웠답니다.

오늘날 다국적 기업의 본사를 가장 많이 갖고 있는 나라도 미국이고, 일본·영국·독일·프랑스·캐나다·스위스·네덜란드 등의 순서로 다국적 기업을 많이 갖고 있어요.

다국적 기업이 탄생한 것은 영리를 좇는 기업의 특성과 깊은 관계가 있답니다. 장사가 잘되면 한 나라에서만 사업하는 것에 만족하지 않지요. 돈을 벌 기회를 찾아 다른 나라에도 관심을 갖게 되고, 따라서 하나 둘씩 외국에 공장과 회사를 세우면서 다국적 기업이 된 것이랍니다.

나라마다 자기네 산업을 보호하기 위해 위해 외국에서 들어오는 물건에는 비싼 세금을 물리거나 수입 자체를 막는 등 무역 장벽을 만들자, 아예 공장과 회사를 그런 나라에 세워 운영하는 것이 유리하다는 생각도 작용했답니다.

특히 세계 무역을 자유화하는 것을 약속한 세계무역기구(WTO) 체제가 되면

서 다국적 기업들의 활동은 더욱 활발해지고 있습니다.

보다 값싼 노동력과 자원을 찾아 가장 알맞은 곳에 공장을 세우는 일이 훨씬 쉬워졌기 때문이지요.

다른 이유도 있어요. 한 나라 안에서 어떤 회사가 너무 커지면 정부가 나서서 제일 큰 회사가 혼자 시장을 좌지우지하는 것을 막는 법(독과점방지법)을 만들거나 환경 규제를 까다롭게 하는 경우가 적지 않아요. 이 같은 규제를 피해 많은 기업이 다른 나라에 진출했고, 이들도 대부분 다국적 기업으로 발전했어요.

다국적 기업은 전세계를 무대로 사업하기 때문에 세계 경제를 더욱 활발하게 하는 등 좋은 역할도 해요. 특히 산업 시설이 별로 없는 나라에 공장을 짓고 세금도 내고, 일자리도 만들어주는 등 경제 발전에 도움을 줍니다.

그러나 다국적 기업이 좋은 일만 하는 것은 아닙니다. 돈이 많고 물건도 잘 만드는 다국적 기업이 들어오는 바람에 힘이 약한 국내 기업들이 피해를 보는 경우도 있어요. 심지어 다른 나라에서 벌어들인 이익을 대부분 엄마회사가 있는 곳으로 가져가는 매정한 회사도 적지 않지요. 이 때문에 1960년대 프랑스 드골 대통령은 미국계 다국적 기업의 유럽 진출을 공식적으로 반대하기도 했지요.

다국적 기업의 덩치가 너무 커진 점도 문제가 되고 있습니다.

전세계 무역의 80% 정도를 이들이 독차지할 정도니까요. 다국적 기업이 없는 가난한 나라와 이를 많이 갖고 있는 선진국 간의 격차가 점점 더 커지는 것도 걱정거리 중의 하나예요.

그러나 돈과 기업이 국경을 초월해 자유롭게 움직이는 게 피할 수 없는 추세이므로 우리 기업도 다국적 기업으로 변신하는 게 필요합니다.

실제로 삼성전자·현대자동차와 같은 국내 회사들도 미국·유럽·아시아 등 세계 곳곳에 공장과 회사를 세우면서 세계 일류의 다국적 기업으로 크기 위해 노력하고 있어요. 삼성전자는 전세계에 73개의 공장과 회사를 갖고 있습니다.

그렇다고 무작정 외국에 회사를 차리는 게 바람직한 것만은 아니랍니다.

대우그룹이라는 회사 아시죠. 몇 년 전까지만 해도 한국에서 손꼽히는 재벌이었던 대우가 해체된 이유가 바로 무리하게 다국적 기업으로 변신하려는 전략 때문이었습니다.

대우는 세계 시장을 공략한다며 많은 돈을 빌려 곳곳에 공장을 세우는 등 욕심을 부리다가 90조 원이라는 큰 빚을 남기고 쓰러졌어요. 올림픽에서 금메달을 따려면 세계적인 기량을 갖춰야 하듯, 세계 시장에 진출하려면 돈·기술 등 실력을 먼저 갖춰야 한다는 교훈을 남겼습니다.

'지구촌 시장' 새 무역 질서 논의 중이죠

새해 경제가 좋지 않을 전망이라고들 합니다. 역시 고비를 넘기는 방편은 수출입니다. 하지만 과거 경험 있는 사람이라면 "올핸 또 무슨 '라운드' 가 생겨 우리를 더 궁지로 몰지 않을까" 우려를 할 수도 있겠군요.

하지만 새로 등장하는 '뉴라운드' 를 두려워만 할 필요는 없을 것 같아요. 너무 낙관적인 발상이 아니냐는 의심을 살 수도 있겠네요. 구체적으로 살펴보죠.

우선 국제무역 질서의 역사부터 알아야 할 것 같아요. 2차 세계대전 이전에는 무역이란 것이 주변 국가들끼리 적당히 하는 정도여서 별문제가 없었습니다.

그런데 전쟁을 통해 배·비행기·철도 등 운송 수단이 발달, 상품들이 대륙의 이쪽저쪽 끝을 손쉽게 오가는 상황이 되면서 문제가 생겼죠.

예컨대 미국의 값싼 밀가루가 유럽에 쏟아지고, 유럽의 농민들은 각국 정부에다가 수입 밀가루 좀 막아달라고 시위하는 상황이 된 것입니다.

그래서 각 나라 정부는 수입 상품에 부과하는 세금인 관세를 크게 올려 수입품을 자기 나라의 경쟁 상품보다 더 비싸게 만들었습니다. 당연히 다른 나라도 이에 질세라 앞다퉈 관세를 올려 자기 나라 상품을 보호하려 했습니다. 그러다 보니 어떤 상품도 서로 수출·수입하기가 힘들게 됐습니다. 결국 미국·유럽이 중심이 된 23개국 대표가 1947년 제네바에 모여 이 문제를 논의하게 됐습니다. 여기서 탄생한 것이 가트(GATT, General Agreement on Tariff & Trade : 관세 및 무역에 관한 일반 협정)입니다.

이 협정의 기본 요지는,

▶관세는 가급적 낮게 하고

▶특정 국가만 유리하거나 불리하게 관세를 매겨서는 안 되며

▶각국의 무역 정책은 예측이 가능하도록 하면서

▶서로 공정하게 경쟁할 것

등입니다.

문제는 협정의 구속력이 없었다는 점입니다. 협정을 관장하는 국제무역기구(ITO)의 설립에 실패했기 때문이죠.

대신 가트라는 이름의 임시 사무국을 설치하는 데 그치고 말았습니다. 하지만 그 이념은 국제무역에서 교과서적인 역할을 했습니다.

이후 가트는 수차례 회의를 열어 관세를 조금씩 내리기 시작했고, 1961년에는 딜론 미국 재무장관의 제창 아래 참여 국가들이 모두 공산품의 관세를 7% 더 내리기도 했습니다.

이 회의를 '딜론 라운드' 라고 합니다.

참, 여기서 왜 국제무역과 관련된 새로운 제도에 '라운드' 가 붙는지 설명을 해야 할 것 같군요. 라운드는 원래 원탁 회의(Round Table Meeting)를 의미하는 것으로서 딜론 라운드 때 처음 사용됐습니다.

이후 케네디 대통령이 제창한 '케네디 라운드' 가 있었고, 이어 1973년에는 회의 장소의 명칭을 따서 '도쿄 라운드' 가 이뤄졌습니다.

도쿄 라운드에서는 관세뿐 아니라 덤핑·보조금 문제가 처음으로 거론됐습니다. 어떤 나라의 기업이 당분간 손해를 보더라도 시장 진출이나 시장 잠식을 위해 자기 나라에서 파는 가격보다 훨씬 싼 값에 수출해서는 안 된다는 사실을

명시한 겁니다. 게다가 정부가 자기 나라 기업이 값싸게 수출할 수 있도록 간접적으로 돈을 지급하는 것도 막기로 했습니다. 하지만 이 역시 일부 국가만 서명했기 때문에 국제적인 조약이 되지는 못했습니다.

당시에는 각국이 외국 시장에 진출하기 위해 자동차 · TV 등을 헐값에 수출하는 일이 많았습니다. 게다가 미국과 같이 힘센 나라는 자기들 상품을 많이 수입하지 않는 나라의 수출품에 엄청난 보복 관세를 매기는 일도 비일비재했죠.

특히 이 같은 분쟁을 조정하거나 누가 잘못했다고 판정할 기구도 없어 문제는 더 심각했답니다.

바로 이런 문제를 우루과이 라운드가 해결했습니다. 우선 국제무역 정책을 만들고 무역 분쟁을 판정 · 조정하는 세계무역기구(WTO)가 이 회의에서 탄생했습니다.

또 반덤핑 · 상계관세 · 세이프가드 등 복잡한 각종 무역 조치에 대한 절차 · 방법 · 기준 등을 자세히 정한 WTO 규정도 만들게 된 거죠.

그렇다고 모든 문제가 해결된 것은 아니었습니다. 우루과이 라운드에서 농업 · 서비스 부문은 상품 종류에 따라 "2002년까지 또는 2004년까지 일단 관세를 몇 % 내린다"는 식으로 타결했기에 그 이후 어떻게 할지의 문제가 남았습니다.

그런 미비점을 2000년까지 '새로운 협상' (뉴라운드, New Round)에서 해결하기로 하고 일단 우루과이 라운드를 타결했던 것입니다. 뉴라운드의 명칭은 여기서 나온 것입니다.

1999년 11월 시애틀에서 열렸던 'WTO 회원 국가 장관 회의' 가 바로 '뉴라

운드’를 논의하기 위한 것이었죠. 그러나 각국의 입장이 엇갈린데다 NGO의

시위까지 겹쳐 회의가 결국 무산됐습니다. 그렇지 않았다면 뉴라운드는 ‘시애

틀 라운드’로 이름이 바뀌었을 겁니다.

보복 악순환…… 무역 분쟁 더 키워

　최근 미국의 철강 정책을 둘러싸고 국제적인 논란이 일고 있습니다. 세계 최강국인 미국이 자기 나라의 철강 산업을 보호하기 위해 지나치게 강경하게 나오는 바람에 각국의 철강 산업이 타격을 받게 됐으며, 자칫 무역 전쟁으로까지 번질 가능성이 있다는 얘기가 나오고 있지요. 발단은 2001년 6월 4일 발표된 미국 부시 대통령의 성명이었습니다.

　미국의 철강 산업이 외국산 철강 수입으로 인해 어떤 피해를 보았는지를 미국 국제무역위원회(ITC)로 하여금 조사토록 하겠다는 내용이었지요. 2주쯤 지나 미국 무역대표부(USTR)가 공식적으로 ITC에 피해 조사를 요청함으로써 논란이 본격화했습니다.

　이 '조사' 가 단순히 조사로 끝나지 않을 것으로 보여 문제입니다. 많은 전문가는 조사가 끝난 후의 결과를 어느 정도 예측하고 있어요. ITC는 자국의 철강 업계가 철강재 수입 증가로 심각한 피해를 보았거나 혹은 그럴 가능성이 있다고 결론지을 가능성이 크고, 그 결과 긴급히 철강 수입을 제한할 것으로 예상됩니다.

　그러면 우리나라를 포함해 미국에 철강 제품을 수출하는 나라들은 큰 타격을 받을 수밖에 없지요. 이때의 '긴급수입제한' 을 세이프가드(safeguard)라고 말합니다.

　미국은 1974년 통상법을 개정하며 201조에 이 같은 세이프가드를 명시했답니다. 그래서 그냥 '201조' 라고도 불립니다.

미국의 철강 기업들은 이후 수차례 이 201조의 도움을 받았어요. 스테인리스 제품은 1976년부터 3년간, 또 1983년부터 4년 동안 수입이 제한됐었지요. 2000년에도 선재(5~9mm의 얇은 강관)와 라인파이프 제품에 대해 201조를 발동한 적이 있답니다.

하지만 이번 사례는 아주 예외적이에요. 예전에는 업계나 기업에서 조사를 요청하더라도 대통령은 외국과의 관계를 생각해 신중하게 대처하는 것이 보통이었답니다. 그런데 이번에는 대통령이 직접 조사를 요청한 것입니다.

또 몇몇 특정 제품만을 대상으로 조사하거나 수입을 규제했던 과거와 달리 이번에는 모든 철강 제품이 조사 대상에 올라 있어요. 결국 미국은 2002년 3월 초 철강제품에 대한 세이프가드를 발표, '철강전쟁'의 불씨를 당겼어요. 미국에 이어 유럽연합(EU)도 2002년 9월 27일 이 조치를 발동했고, 중국도 11월 20일 열연강판 등 5개 철강제품에 대한 세이프가드를 발동했습니다.

미국 정부는 왜 이렇게 강경한 정책을 펼치고 있는 것일까요. 최근 몇 년 동안 미국 철강 기업들의 경영 사정이 어려워졌다는 것이 첫째 이유예요.

미국은 세계 최대의 철강 소비국입니다. 연간 1억 100만 톤을 생산하는 세계 3위의 생산국이지만 워낙 소비가 많다 보니 전체 소비량의 4분의 1가량은 수입해 써왔습니다.

그런데 1997년 이후 세계 철강업계는 난관에 직면하게 됐어요. 주요 기업들이 철강 생산을 늘리기 위해 앞다퉈 시설을 확장해왔거든요. 그 바람에 수요보다 공급이 많아지는 현상이 심해졌습니다.

미국의 철강 산업 연구소인 월드 스틸 다이내믹스(WSD)는 2001년 세계 철강 수요는 8억 8400만 톤인 데 비해 생산 능력은 10억 2200만 톤에 이른다고 추

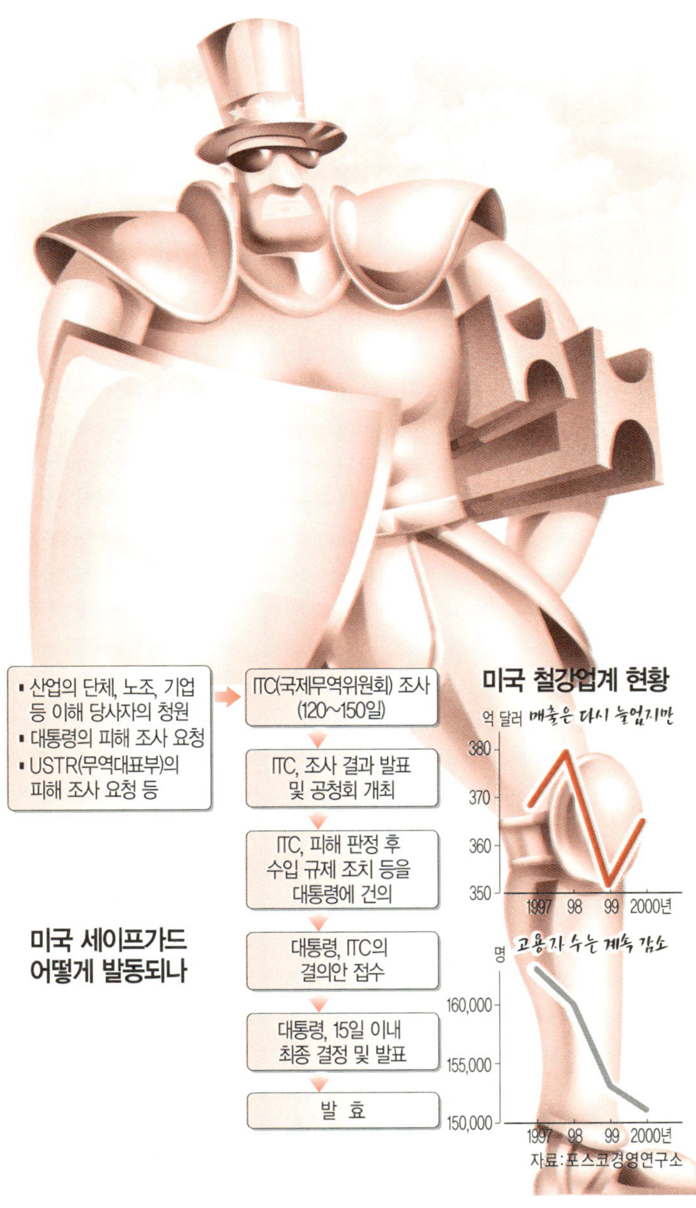
산업의 단체, 노조, 기업 등 이해 당사자의 청원
대통령의 피해 조사 요청
USTR(무역대표부)의 피해 조사 요청 등
ITC(국제무역위원회) 조사 (120~150일)
ITC, 조사 결과 발표 및 공청회 개최
ITC, 피해 판정 후 수입 규제 조치 등을 대통령에 건의
대통령, ITC의 결의안 접수
대통령, 15일 이내 최종 결정 및 발표
발 효
미국 세이프가드 어떻게 발동되나
미국 철강업계 현황
억 달러 매출은 다시 늘었지만
380
370
360
350
1997 98 99 2000년
명 고용자 수는 계속 감소
160,000
155,000
150,000
1997 98 99 2000년
자료:포스코경영연구소

정했지요.

또 세계 경기가 둔화하기 시작하자, 세계 각국의 철강업체마다 수출로 돌파구를 찾겠다며 미국으로 향하는 현상도 생겨났습니다. 이런 가운데 미국의 철강 수입량은 1996년 3000만 톤에서 1998년에는 4000만 톤을 넘어섰어요.

당연히 미국 철강업계는 사정이 나빠졌지요. 경쟁력이 떨어지는 미국의 철강 기업들은 도산 위기에 직면하게 됐습니다. 1997년 12월 이후 미국에서는 16개 철강업체가 문을 닫았고, 1만 5000명의 직원이 일자리를 잃었습니다.

하지만 이번 부시 대통령의 갑작스러운 성명 발표에는 그 이면에 정치적 이유가 숨어 있다는 지적도 있습니다. 미국 철강업계의 정치적 영향력은 대단하답니다. 수십 명의 상원·하원 의원을 움직일 수 있다고, 한 연구기관에서 추정했을 정도니까요.

2000년 말부터 철강업계는 지속적으로 미국 정부에 201조를 발동하라는 압력을 가했답니다. 결국 부시 대통령은 세이프가드 발동을 가져올지도 모를 피해 조사를 지시하고 말았습니다. 미국의 철강업계나 자국 산업 보호를 주장하는 국회의원들에게서는 환영을 받겠지만 대신 세계 경제의 리더인 미국이 보호무역주의를 획책했다는 비난을 면하기 어렵게 됐습니다.

포스코 경영연구소 이윤희 연구위원은 "세이프가드는 자국 산업 보호를 위한 최후의 조처인데 미국 대통령이 직접 조사 지시를 내렸다는 것은 매우 우려스럽다"고 분석했습니다. 다른 나라들은 당연히 반발할 것이고, 각국이 이와 비슷한 조치를 취할 가능성도 있어 앞으로 세계 무역 분쟁이 더욱 심해질 수도 있다는 얘기입니다.

물건 값 싸지고 장사하기 편해요

만약 우리나라와 중국, 일본이 같은 돈을 쓴다면 어떤 일이 벌어질까요?

불편한 점도 많겠지만 재미있는 일도 많이 생길 것입니다. 도쿄나 베이징에 가서 환전할 필요 없이 물건을 사고 만 원짜리 지폐를 냈을 때 가게에서 거스름돈을 내주는 장면을 한번 상상해보세요. 신나지 않겠습니까?

이런 일이 2002년부터 유럽에서 벌어지고 있답니다.

유럽연합(EU)에 가입한 15개 나라 중 12개 나라가 2002년부터 '유로'라는 새로운 돈을 쓰고 있거든요.

몇몇 나라는 2002년 초 수개월간은 유로와 함께 지금까지 써온 자기 나라 화폐도 사용하게 하지만 그마저 수개월이 지나면 모두 폐기하기로 했답니다. 독일의 마르크, 프랑스의 프랑, 이탈리아의 리라 등이 아예 없어져버리는 거예요.

하지만 EU에 가입한 모든 나라가 유로를 쓰게 되는 것은 아닙니다. 영국·스웨덴·덴마크는 일단 유로를 쓰지 않기로 했어요. 자기 나라 돈에 대한 애착이 강해, 또는 나라 경제를 마음대로 운용하기 어려울까봐 거부했지요.

새 돈을 쓰기로 한 나라들을 공식적으론 '유럽 통화 동맹(European Monetary Union)'으로 부르지만 흔히 '유로 랜드(Land)' 또는 '유로 존(Zone)'이라고 합니다.

새 돈이 쓰이면 당장은 불편한 점이 많을 거예요. 종전에 쓰던 돈을 바꾸는 것만 해도 보통 일이 아니에요. 시민들은 자신이 갖고 있는 돈을 일정 기간 이내에 은행에 가서 바꿔야 한답니다.

유로 도입으로 가격 비교가 쉬워져

국가	단위	1.5리터 코카콜라		맥도널드 햄버거	
		현지 가격	유로 환산	현지 가격	유로 환산
오스트리아	실링	–	–	36	2.67
벨기에	벨기에 프랑	48	1.22	109	2.76
덴마크	덴마크 프랑	–	–	25.75	3.50
핀란드	마르카	–	–	19.90	3.47
프랑스	프랑스 프랑	6.5	1.02	17.50	2.69
독일	도이치 마르크	3.02	1.57	4.90	2.55
그리스	드라크마	–		560	1.85
아일랜드	아이리시 파운드	0.93	1.19	1.62	2.06
이탈리아	리라	2,460	1.29	4,500	2.36
룩셈부르크	룩셈부르크 프랑	4.2	1.06	–	–
네덜란드	길더	–	–	5.45	2.53
포르투갈	에스쿠도	199	1.02	440	2.26
스페인	페세타	125	0.77	365	2.26
스웨덴	크로네	–	–	26.0	3.13
영국	파운드	1.09	1.36	1.79	2.23

나라에 따라서는 수수료를 내야 하는 경우도 있어요. 은행들은 갑자기 일이 폭주해 정신을 차릴 수 없을 거예요.

기업들은 모든 제품의 상표에 값을 '유로'라는 새 돈으로 표기해야겠지요. 상인들은 자기 나라 돈으로 표기되는 저울을 모두 새것으로 바꿔야 합니다.

그런데도 유럽 여러 나라들은 화폐 통일에 찬성했어요. 많은 전문가들은 이를 '언어 통일'에 비유한답니다. 같은 돈을 쓰게 되면 언어가 하나가 됐을 때처럼 불편함이 없어진다는 것이지요. 돈을 바꿀 일이 없으니 환전 수수료를 낼 필요도 없고요.

몇 년 전 유럽의 한 연구소가 재미난 실험을 했어요. 유럽연합에 가입한 15개 나라를 돌며 독일 돈 1000마르크(약 59만 원)를 각 나라 돈으로 바꿔본 거예요. 그리고는 놀라운 사실을 알게 됐어요.

1000마르크를 15개 나라 돈으로 바꾸는 비용(환전비)이 500마르크가 넘었던 것이지요. 당시 유럽 여러 나라들은 이

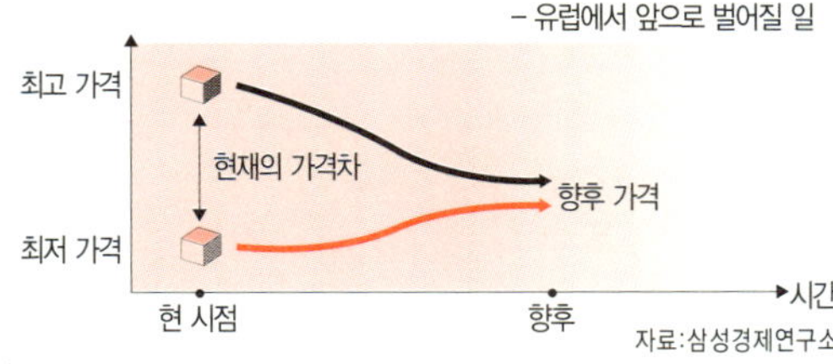

사례를 들며 왜 화폐를 통일해야 하는지를 설명했습니다.

나라마다 들쭉날쭉한 가격이 하나로 표시되면 물건 값도 자연히 내려가게 됩니다. 1.5리터짜리 코카콜라 한 병 값을 비교해볼까요? 유로가 도입되기 전 독일에서는 3.02마르크, 룩셈부르크에서는 42룩셈부르크 프랑, 스페인에서는 125에스쿠도에 팔리고 있었지요. 이래서는 값 차이를 쉽게 비교할 수가 없지요.

이것을 유로로 표시해볼까요? 독일에서는 1.57유로, 룩셈부르크에서는 1.06유로, 스페인에서는 0.77유로에 팔리고 있다는 것을 바로 알 수 있답니다. 코카콜라가 스페인에선 독일의 절반 값으로 팔리고 있는 거예요. 또 맥도널드 햄버거를 먹을 때 덴마크 사람들은 그리스 사람들보다 돈을 두 배로 내야 한다는 사실을 알 수 있습니다.

독일이나 덴마크 소비자들이 가만있지 않겠지요? 코카콜라나 맥도널드 회사에 항의를 할 것이고, 그러면 값을 내릴 수밖에 없을 거예요. 어느 나라 소비자든 더 싼 값에 상품을 살 수가 있게 되지요.

기업들이 얻는 이익도 적지 않아요. 일반 시민과 마찬가지로 돈을 바꾸는 데 한푼도 들지 않지요. 유로 랜드에 포함된 나라의 지사에 돈을 보낼 때 적지 않

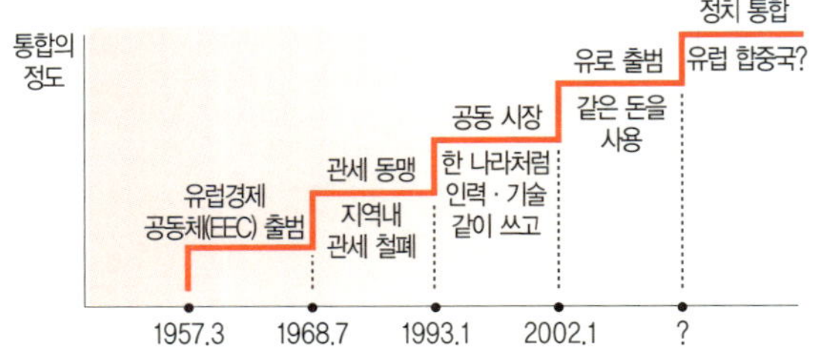

은 돈을 아낄 수 있을 거예요.

더 큰 혜택도 있습니다. 아주 안정적으로 사업을 할 수 있기 때문이에요. 기업들은 무역량이 늘어날수록 다른 나라의 화폐 가치가 자꾸 바뀌는 데 큰 부담을 느끼게 돼요.

다른 나라와 돈을 바꿀 때 그 값(환율)이 자주 바뀌면 언제 수출하고, 수입해야 할지 결정하기가 매우 어렵지요. 환율로 인해 기업은 예상치 못한 큰 손해(환차손)를 볼 수도 있어요. 독일 경제인연합회는 유로 출범으로 독일 기업들이 연간 12조~24조 원의 경비를 절감할 수 있을 것으로 봅니다.

시장 규모도 엄청나지요. 3억 4000만 명의 인구에, 세계 국내총생산(GDP)의 16%와 무역의 20%를 차지해요. 미국에 이어 세계 2위랍니다.

각 나라의 중앙은행이나 기업들도 유로를 더 많이 가지려고 할 거예요. 세계적으로 힘이 자꾸 커지기 때문이지요. 아직은 각 나라 정부가 갖고 있는 외국돈(외환 보유액)에서 유로는 11%에 불과하지만 전문가들은 1~2년 안에 20%를 넘을 것이라고 해요.

국제금융기구에서도 발언권이 커질 것은 뻔합니다. 세계 경제를 좌지우지하는 국제통화기금(IMF)이나 세계은행에서 유럽이 차지하는 비중은 미국을 넘어섭니다.

우리나라 기업들은 이 같은 변화에 위협과 기회를 동시에 느끼고 있어요. 겉

으로 보기엔 불리한 점이 많습니다. 치열한 경쟁이 예상되는 가운데 유럽 기업들은 경비를 절감할 수 있지만 우리는 전혀 달라진 것이 없기 때문이지요.

그러나 기회일 수도 있어요. 큰 시장이 생겼으니 가만있을 수 없지요. 유로화 출범으로 전문가들은 특히 유럽의 정보 산업(IT)이 크게 성장할 것으로 본답니다. 이 분야에서 앞선 우리 기업들에게는 좋은 기회지요.

삼성경제연구소 김득갑 수석연구원은 "앞으로 유로는 달러에 버금가는 힘을 갖게 될 것이며 달러를 능가할 수도 있다"고 전망했어요. 세계 경제의 중심축이 미국에서 유럽으로 옮겨갈 가능성도 있다는 얘기예요. 유로의 등장으로 세계 경제는 많은 변화를 겪게 될 것입니다.

일본 수출품 값 싸져
우리나라 불리해지죠

요즘 신문에 환율 기사가 단골로 등장합니다. 일본 돈인 엔화의 가치가 낮아져(엔저) 우리 경제에 좋지 않은 영향을 미칠 것이란 얘기도 자주 나옵니다.

환율이 무엇인지부터 알아볼까요.

우리나라에서 살 때는 우리 돈(원화)만 있으면 되지, 미국 돈인 달러나 엔화가 필요 없죠.

그러나 미국이나 일본에 가면 달러나 엔화를 써야 합니다. 기업들도 외국에서 장사를 하거나 물건을 사오려면 외국 돈이 있어야겠죠. 이때 외국 돈과 우리 돈을 바꿔주는 비율을 환율이라고 해요.

외국 돈의 가짓수만큼 여러 가지 환율이 있겠지요. 일본의 엔화나 영국 파운드화 등 각국의 화폐와 우리 돈을 바꿀 때 환율이 필요할 테니까요.

신문에 자주 나오는 환율은 우리 돈과 미국 달러화의 교환 비율인 원-달러 환율입니다. 미국과의 거래가 가장 많고 미국 달러가 세계에서 중심이 되는 통화(기축 통화)이기 때문이죠.

서울 외환시장에서 결정되는 환율도 원-달러 환율입니다. 엔화나 파운드화 등 다른 나라 돈에 대한 환율은 이들 돈의 달러에 대한 환율과 원-달러 환율을 고려한 공식에 의해 정해집니다.

요즘엔 달러당 1200원대에서 움직일 정도로 원-달러 환율이 높습니다. 예전에는 우리 돈 1100원으로 1달러를 바꿀 수 있었는데, 요즘엔 1200원을 줘야 1

달러와 교환할 수 있다는 얘기죠.

우리 돈의 가치가 그만큼 떨어졌다는 얘깁니다. 결국 환율이 올라갔다는 것은 원화 가치가 떨어졌다는 말입니다. 공식처럼 외워두면 편리합니다. '환율 상승 = 원화 가치 하락 = 원화 약세'.

요즘엔 잘 쓰지 않지만 원화 값이 떨어진 것을 원화 절하(切下)라고 표현하는 경우도 있습니다. 달러화에 비해 돈 가치가 떨어졌다는 뜻이지요. 반대로 환율이 내려가면 원화 가치 상승 = 원화 강세 = 원화 절상(切上)이겠지요.

환율도 물건 값과 마찬가지로 외국 돈에 대한 수요와 공급에 의해 결정됩니다. 외국에서 수입할 물건이 많을 때는 외국 돈이 필요하니까 외국 돈의 값이 오를 테고, 수출이 늘어나거나 외국인의 한국에 대한 투자가 많아져 외국 돈이 늘어나면 우리 돈의 값이 오르는 식입니다.

단기적으로는 외국 돈에 대한 수요와 공급으로 환율이 결정되지만 장기적으로는 물가나 나라 간의 금리 차, 경제력 등에도 영향을 받습니다.

물가가 올라 우리 돈의 가치가 외국 돈보다 떨어지면 환율이 오를 것으로 예상하고, 경제성장률이 다른 나라보다 높을 경우 우리 경제 신뢰도가 높아지면서 우리 돈값이 비싸져 환율이 떨어질 것으로 예상들을 하지요.

일반적으로 한 나라의 경제가 좋으면, 그 나라 돈값도 비싸지는 경향이 있습니다.

요즘 엔화 값이 싸진 것은 일본 경제가 10년째 장기 불황을 겪고 있기 때문입니다. 경제성장률이 마이너스를 나타내면서 실업률이 사상 최고 수준을 기록하고 있는 실정입니다. 오랫동안 불황을 겪다 보니 사람들이 돈을 쓰지 않아 물가가 떨어지는 상황(디플레이션)이 나타나고 있습니다.

이처럼 경제가 좋지 않아 엔화 값이 내릴 수밖에 없는데다, 일본 정부가 엔화 값 하락을 부추기고 있어 더 빨리 떨어지고 있답니다. 엔화 값이 싸지면 일본 회사들이 외국에 수출하는 물건 값이 낮아져 수출을 늘릴 수 있기 때문입니다.

엔화 가치를 낮춰 수출을 늘림으로써 경기를 되살려보자는 게 일본 정부의 생각이죠. 엔화 값이 하락하는 바람에 일본 수출 제품의 가격은 1999년 말보다 30% 정도 싸졌답니다.

그러나 이 같은 일본의 전략은 '이웃 국가들을 가난하게 만드는 정책' 이라는 비판을 받을 수 있습니다. 일본 제품의 수출 가격이 싸지면 우리나라나 동남아 국가들의 수출품 가격이 상대적으로 비싸져 수출이 잘 안 될 수 있기 때문입니다.

일본 경제를 되살릴 수 있는 정도의 적당한 엔저는 괜찮지만, 엔저가 지나쳐 우리나라나 다른 국가들의 수출에 큰 충격을 줄 경우엔 문제가 된다는 얘기입니다.

그나마 최근엔 엔화 값이 떨어지는 속도와 비슷하게 우리나라 원화 값도 떨어지고 있어 다행인 편입니다. 일본 제품의 수출 가격이 낮아지는 만큼 우리나라 제품의 수출 가격도 낮아질 수 있기 때문이죠.

그러나 원화 값이 떨어질 경우 수출 제품의 가격이 낮아지는 이점이 있지만 외국인 투자 자금이 빠져나갈 가능성 또한 커진다는 걱정도 많아집니다.

원화 값이 계속 떨어질 것으로 예상되면 달러를 가져와 국내 주식에 투자한 외국인들이 투자 원금을 다시 달러로 바꿀 때 손해(환차손) 볼 것을 걱정해 미리 돈을 빼갈 수 있기 때문입니다. 수출이 잘되도록 원화 값을 떨어뜨리는 것이 좋은 일만은 아닌 것이죠.

그렇기 때문에 기업들이 환율의 움직임에 관계없이 수출을 잘할 수 있도록 품질을 높이고 마케팅을 강화하는 게 중요하답니다.

정정호 한국은행 경제통계국장은 "환율은 원론적으로 그 나라 경제 위상을 반영하는 만큼 중장기적으로 완만하게 내려가는 것이 좋다"고 말합니다.

여러분 생각은 어떠세요. 우리 경제가 강해져 세종대왕이 그려진 1만 원권의 가치가 높아지면 우리 국민이 해외에 나가서도 더 나은 대접을 받을 수 있지 않을까요. 1만 원으로 미국에서 햄버거밖에 사먹을 수 없는 것과, 같은 돈으로 훌륭한 레스토랑에서 멋진 저녁을 먹을 수 있는 것, 어떤 게 낫습니까.

'엔저'라는 말이 우리 기업의 수출을 어렵게 만든다고 난리 피우는 상황을 벗어나려면 어떻게 해야 할까요. 제품의 품질을 높이고 첨단 기술을 개발해 경쟁력을 키움으로써 원화 가치가 높아져도 얼마든지 수출할 수 있는 경제 체질을 만들어야겠죠. 1만 원권 속에서 미소를 짓고 계신 세종대왕께서도 그걸 바라지 않으실까요.

Part 3

돈이 잘 돌아야 경제도 잘 돈다

히트 상품 나오면 주가 뛰어 차익

"코스닥이 뭐예요?"라는 TV 광고처럼 몇 년 전부터 주변에서 주식 투자를 새로 시작하는 사람을 자주 보았을 겁니다.

주가가 크게 오르고 큰돈을 번 사람들이 생겨나기 시작했고, 또 컴퓨터와 인터넷 등을 통해 누구나 쉽게 주식 투자를 할 수 있게 됐기 때문입니다.

주식(株式)은 오늘날 기업들의 일반적인 형태인 주식회사에 투자한 사람들의 몫(지분)을 증서 형태로 만든 것입니다.

주가(株價)는 말 그대로 이 주식의 가격을 말하죠.

주식을 사는 이유는 회사가 이익을 많이 냈을 경우 주식을 갖고 있는 회사의 주인들, 즉 주주(株主)들이 이를 나눠 가질 수 있는 이점(배당 수익)이 있기 때문입니다.

하지만 주식 투자를 하는 사람들은 사실 이 같은 배당 수익보다 주가가 올랐을 때 이를 다른 사람에게 팔아서 얻는 이익(시세 차익)에 더 신경을 씁니다.

주식에는 보통 500원·1000원 또는 5000원이라는 가격이 씌어져 있는데 이를 액면가라고 합니다.

어떤 주식이든 처음 가격은 액면가와 같지만, 시간이 흐르고 사람들 사이에 거래되기 시작하면서 가격은 변하게 됩니다.

지하철역이 바로 옆에 생겼을 때 아파트 가격이 오르는 것처럼, 회사가 신기술을 개발하고 히트 상품을 내놓게 되면 주가는 오르게 됩니다.

반대로 빚이 많아 자칫 문을 닫을 처지가 되면 주가는 폭락하게 되죠.

우리나라에서는 증권거래소와 코스닥 증권시장 두 군데에서 누구나 주식을 공개적으로 사고 팔 수 있습니다.

이들 시장에서 거래가 시작되는 것을 상장(上場)이라고 하는데, 아무 기업이나 상장되는 것은 아닙니다.

백화점에서 불량품이나 싸구려를 팔지 않으려 하는 것처럼, 이들 거래소도 일정 규모 이상의 기업이나 우량 기업만을 대상으로 상장을 시켜줍니다.

먼저 생긴 증권거래소는 그동안 기업의 크기에 초점을 맞춰 상장을 시켜왔는데, 그러다 보니 기술력 좋은 중소기업들, 이른바 벤처 기업들은 상장할 기회

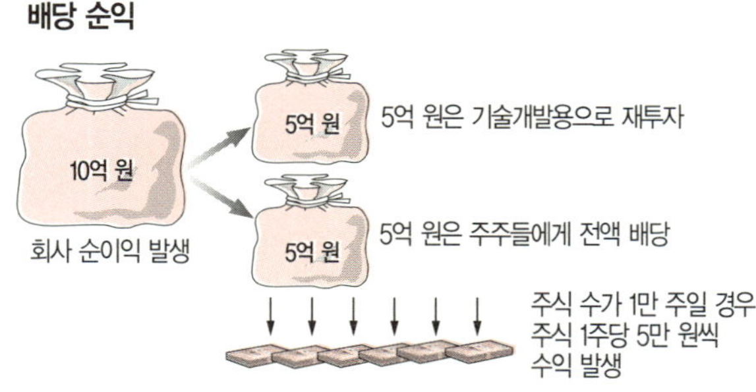

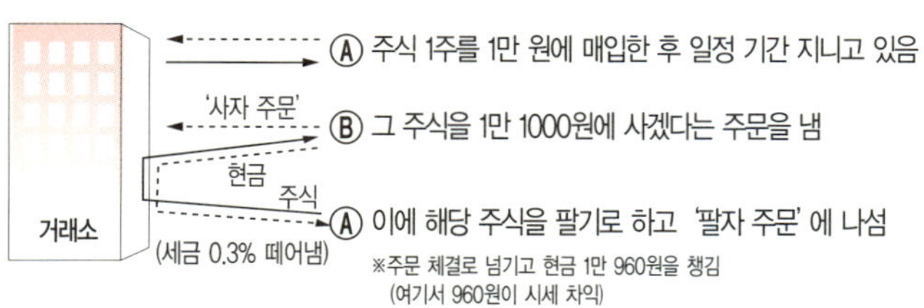

가 없었습니다.

바로 이러한 기업들의 주식을 따로 모아서 거래를 시작한 곳이 코스닥 증권 시장입니다.

상장하지 않고도 주식 매매(장외 거래)를 할 수는 있습니다만, 팔려는 사람과 사려는 사람을 서로 찾기가 힘들고, 또 찾았다 하더라도 각종 서류를 준비해야 하는 등 절차가 복잡합니다.

정해진 가격이 없다 보니 바가지를 쓸 위험도 있죠.

하지만 거래소와 코스닥 시장에서는 사려는 이와 팔려는 이가 항상 수백만 명씩 몰려 있고, 시세표를 통해 모든 주식들의 거래된 가격을 언제든지 알 수 있습니다.

이 같은 장점들 때문에 보통 상장되면 주가가 오릅니다.

SK텔레콤이나 삼성전자처럼 어떤 주식은 액면가보다 수백 배 이상 비싼 것들도 많습니다.

물론 요즈음 증권회사들의 주식처럼 액면가보다 더 낮게 거래되는 것도 있고, 또 드물지만 어떤 경우는 회사가 망해서 주식이 휴지조각이 되기도 합니다.

기업들이 주식을 상장하려 하는 것은, 주가가 올라 주주들에게 이익을 주려는 것도 있지만, 기계와 건물을 사는 것처럼 큰돈이 필요할 때 은행에서 돈을 빌리지 않고도 주식을 발행해서 돈을 마련할 수 있다는 장점이 더 크기 때문입니다.

일정량의 주식을 발행하고 이를 투자자들이 사가면 그만큼의 돈이 회사로 들어올 수 있는 것입니다.

사업을 하다가 돈이 모자랄 때 돈 많은 사람을 동업자로 끌어모으는 것과 같은 이치입니다.

투자자들은 최대의 이익을 올리기 위해 항상 언제 어떤 주식을 살지, 팔지를 생각하게 되고 여기에 정부의 정책이나 산업의 환경, 그리고 투자자들의 심리적 요인들이 작용하면서 주가는 항상 변하게 됩니다.

예컨대 정부가 금리를 올린다고 하면 주가는 보통 떨어지게 됩니다.

금리가 오른다는 것은 은행에서 이자를 더 많이 준다는 것이 되고, 이렇게 되면 어떤 투자자들은 큰돈은 못 벌더라도 차라리 은행에 안전하게 예금하겠다면서 갖고 있던 주식을 팔려고 하기 때문입니다.

물론 팔려는 사람이 많아지면 가격은 떨어지겠죠. 반대로 몇 년 전 코스닥 일부 종목에서 그랬던 것처럼, 어떤 회사의 실적이 보잘것없음에도 많은 투자자들이 그 주식이 언젠가는 떨어지겠지만 인기가 있는 지금 빨리 사놓고 적당한 때 팔면 큰돈을 벌 수 있다고 믿기 시작하면, 이 같은 심리적 요인에 의해 실제로 주가가 엄청나게 오를 수도 있는 것입니다.

대주주처럼 회사 경영 따지죠

2000년 4월 열린 국회의원 선거에 앞서 시민단체들이 "공천해서는 안 될 사람은 ○○○, ×××"라고 발표하자, 검찰은 시민단체 관계자들을 불러 선거법을 위반했는지 조사했었지요.

'낙천·낙선 운동'이라고 하는 이 시민운동으로 당시에 세상이 매우 시끄러웠어요.

매년 3월 집중적으로 열리는 주주총회를 앞두고 기업들은 또 다른 시민운동에 긴장하고 있어요. 바로 '소액 주주 운동'이라는 것 때문이죠.

사람들은 증권시장에서 주식을 사고 팔지요. 주식을 산다는 것은 어떤 뜻일까요?

주식을 산 비율만큼 그 회사의 주인이 된다는 것을 말해요. 0.1%의 주식을 샀다면 0.1%만큼 그 회사의 주인이 되는 겁니다.

이렇게 적은 양의 주식을 갖고 있는 사람들을 소액 주주라고 하지요. 그런데 회사에는 이런 소액 주주만 있는 게 아닙니다. 회사를 세운 사람과 그 가족들처럼 주식을 많이 갖고 있는 대주주도 있어요. 큰 회사의 경우 소액 주주와 대주주 중 누가 더 큰 주인일까요? 대주주라고요?

꼭 그런 것만은 아니에요. 재벌의 경우 회장이 갖고 있는 주식이 계열사 전체에서 차지하는 비율은 10%대라고 해요. 나머지 90%는 소액 주주의 몫이지요. 그러니 대기업의 큰 주인은 대주주가 아니라 소액 주주라고 볼 수 있어요.

하지만 얼마 전까지만 해도 소액 주주가 대기업의 주인 행세를 할 수 없는 경우가 많았어요. 보통 주식을 수백만 주씩 발행하니까 소액 주주도 수십만 명까지 될 수 있기 때문이지요. 그러니 주주 한 사람 한 사람이 주인의식을 가지고 '경영자가 돈을 어떻게 쓰는지, 회사를 잘 운영하는지' 감시하기가 어려운 것이지요.

✱ 이렇게 되면 어떤 일이 일어날까요?

경영자는 자신을 사장 자리에 앉히거나 끌어내릴 수도 있는 대주주의 입맛에 맞게 일할 가능성이 높아요. 따라서 소액 주주에게는 손해가 가더라도 대주주에게 이익이 되는 일을 할 겁니다.

소액 주주들이 90%의 주식을 갖고 있는 회사 ㉮에 1000만 원짜리 건물이 있다고 해요. 1000만 원 가운데 900만 원은 소액 주주들의 몫이고 100만 원이 대주주의 몫일 겁니다.

이 회사의 대주주는 다른 회사 ㉯도 갖고 있다고 생각해봐요. 그런데 만약 ㉮회사가 ㉯회사에 이 건물을 500만 원에 팔았다면 어떻게 되겠어요. ㉮회사는 500만 원이나 손해를 보지만 ㉯회사는 500만 원 이익을 남길 겁니다.

이렇게 되면 ㉮회사의 소액 주주는 450만 원을, 대주주는 50만 원을 손해 보겠지요. 하지만 ㉮회사의 대주주는 자신이 갖고 있는 회사 ㉯가 500만 원이나 이익을 챙겼기 때문에 450만 원의 이익이 남게 되지요. 결국 소액 주주가 손해 본 450만 원이 고스란히 대주주에게 넘어간 셈이 되는 겁니다.

이를 '부당 내부 거래'라고 하지요. 이런 문제점 등을 고치고 감시하면서 소액 주주의 이익과 권리를 보호하기 위해 몇 년 전부터 시민단체가 펼치고 있는

운동이 소액 주주 운동이에요.

시민단체는 소액 주주들로부터 "시민단체가 나 대신 주주로서 활동하는 것을 인정한다"는 위임장을 받아 나쁜 짓을 해 회사에 손해를 끼친 경영자에게는 소송을 통해 돈을 받아내고(주주 대표 소송), 주주총회에서는 회사의 경영상 문제점을 꼬집기도 하지요.

주주총회는 국가기관으로 보면 국회라고 볼 수 있어요. 나라의 경영 전략을 꼼꼼히 살피고 정부의 잘못된 결정을 지적하는 것이 국회라면, 주주총회는 장사를 해 이익을 남겼는지, 앞으로의 계획은 무엇인지 주주들 앞에 공개해 평가받는 자리지요. 이런 주주총회에선 한 주가 한 표입니다.

주식을 0.1% 갖고 있는 것과 10%는 큰 차이가 나지만 0.1% 주주가 열 명 모이면 1%가 되고, 1%가 열 명 모이면 10%가 되지요. '작은 물방울들이 모여 큰 강을 이룬다'는 말이 있듯이 소액 주주가 뭉치면 큰 힘을 발휘할 수 있는 겁니다.

하지만 소액 주주 운동이 기업의 나쁜 관행을 고치는 등 좋은 점만 있는 것이 아니라 기업 활동에 방해가 된다고 보는 전문가도 많아요. 지나친 소액 주주 운동은 시장경제에 도움이 되지 않는다는 것이지요. 각각의 경영 행위에 대해 소액 주주들이 일일이 문제 삼고 소송을 제기한다면 경영의 효율성이 떨어질 수 있다고 보는 겁니다.

주주총회가 국회와 같다고 해서 의원(주주)들이 장관(이사)을 불러다 놓고 매일 혼내기만 한다면 국가(기업)의 일이 제대로 되기 어려운 것과 마찬가지 이치지요.

또 소액 주주는 장기적으로 회사가 어떻게 발전해 나갈지보다는 단기적으로 얼마나 이익이 날지에 신경 쓸 가능성이 높지요. 따라서 회사에서 수익금을 얼마나 나눠줄지, 주가는 얼마나 오를지 등을 더 중요하게 생각하는 경향이 나타난다는 겁니다.

이에 따라 경영진은 중장기적인 투자처럼 실패할 위험이 뒤따르는 일은 안 하려 하고 짧은 시간에 얼마나 이익을 올릴지에만 관심을 갖게 될 겁니다.

성공에 대한 보상은 없고 실패에 대한 책임만 따른다면 누가 과감한 투자를 해서 큰돈을 벌려 하겠어요. 실패하면 주주총회에서 크게 혼날 텐데요. 차라리 큰돈 안 들이고 일하려 할 겁니다.

이렇게 되면 회사는 결코 큰돈을 벌 수 없게 되고 결국 주주들에게 손해가 가게 되지요. 이처럼 좋은 뜻에서 시작된 소액 주주 운동도 지나치면 오히려 해가 된다고 볼 수 있는 것이지요.

한 해 장사 순익 나면 나눠줘요

요즘 신문 경제면을 보면 '배당'이라는 말이 자주 나오지요. 이맘때면 개별 기업의 주인(주주)들이 모여 지난 한 해의 장사를 결산하고 배당을 정하는 주주총회를 열기 때문이죠.

배당이란 단어를 국어사전에서 찾아보면 "밑천을 낸 사람에게 그 이익을 몫몫이 나누어줌"이라고 돼 있습니다. 그렇습니다. 배당이란 기업에 밑천을 낸 사람(주주)에게 그 이익을 나눠주는 일이지요.

철수가 '달콤제과'란 회사의 주식 500주를 사 이 회사의 주주가 됐다고 합시다. 달콤제과는 3월 중순 주주총회를 열고 지난해 장사를 잘했다며 25%의 현금 배당을 하기로 했다면 철수는 '한 주당 액면가 5000원×0.25×500주'로 계산, 달콤제과에서 62만 5000원을 받게 되는 겁니다.

실제로 2001년 코리아나 화장품은 36%의 현금 배당을 했습니다. 12월 말에 결산하는 증권거래소 상장 법인 중 배당을 하는 곳은 전체의 70% 안팎인데, 이들 기업의 배당률이 대부분 10% 미만인 점을 감안할 때 코리아나의 배당률은 높은 수준

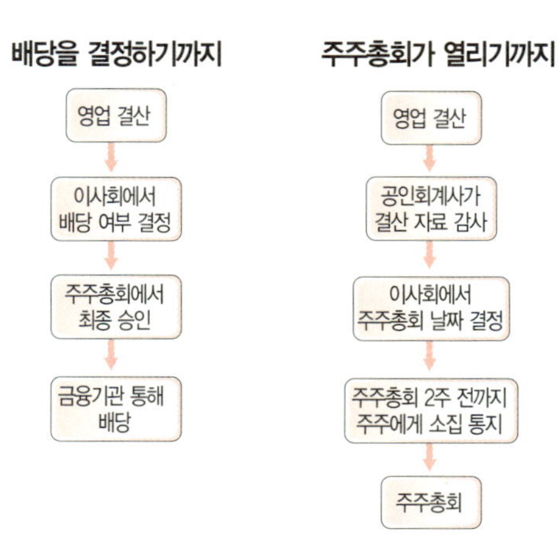

이지요. 이 회사는 지난 5년간 평균 22% 성장해 이익이 많이 났습니다.

배당이란 일반적으로 주식을 처음 발행할 때 씌어 있는 금액, 즉 액면가를 기준으로 일정 비율의 금액을 나눠주는 것입니다. 코리아나 주식은 코스닥에 올라가 있고 액면가가 500원이니 주주들은 이번에 소유한 주식 한 주당 180원을 받을 수 있게 됩니다. 물론 배당을 얼마나 할 것인가 하는 것은 주주총회에서 최종 결정할 사항입니다.

배당이 꼭 주식의 액면가를 기준으로 하는 것은 아닙니다. 주식시장의 현 시세를 기준으로 배당을 하기도 합니다.

달콤제과의 주식 시세가 한 주당 1만 2000원이라고 해요. 주식 시세 기준으로 25%의 배당을 한다면 철수는 '한 주당 시세 1만 2000원×0.25×500주' 로 계산해 150만 원을 받을 수 있지요. 현금 액면가를 기준으로 한 배당의 배 이상을 받는 셈입니다.

하지만 안타깝게도 우리나라에는 아직 주식 시세를 기준으로 배당하는 경우가 없습니다. 미국 등 외국에서나 있는 얘기지요. 액면가 5000원인 주식을 시세가 10만 원으로 올랐을 때 샀는데 액면가를 기준으로 배당하는 것은 비논리적이라는 것입니다. 우리나라도 투자자를 끌어모으려면 시세를 기준으로 배당해야 한다는 목소리가 높아지고 있답니다.

배당을 현금 대신 주식으로 하기도 합니다. 현금으로 배당하는 경우를 '현금 배당' 이라 하듯, 주식으로 배당을 하면 '주식 배당' 이라고 부르지요.

이렇게 배당의 형태와 규모를 결정해 주주들에게 나눠주기까지는 여러 과정을 거쳐야 합니다. 먼저 대차대조표·손익계산서 등 한 해 동안 회사를 잘 꾸려왔는지에 대한 회계 장부를 만들어 영업 결산을 합니다. 이를 공인회계사가 있는 회계법인에 보여주고 장부를 제대로 만들었는지 감사를 받아야 합니다. 이어 주주들에게 나눠줄 이익(배당)이 얼마나 가능한지 그 최고 한도를 계산합니다. 장사를 잘못해 이익을 못 남겼다면 당연히 나눠줄 돈이 없겠지요.

이사회에서는 이처럼 배당 형태와 규모를 잠정 결정하고 이를 최종적으로 주주총회에 올려 승인을 받습니다. 주주들은 주주총회에서 승인된 배당을 금융기관 등을 통해 받을 수 있게 됩니다.

하지만 배당을 많이 한다고 꼭 주주들에게 유리한 것만은 아닙니다. 달콤제과의 주식을 산 철수의 입장에서는 배당이 많을수록 좋겠지요. 하지만 꼼꼼히 따져보면 그게 철수와 달콤제과 모두에게 좋기만 한 것은 아니랍니다.

기업 형편에 지나치게 배당을 하고 나면 기업으로서는 살림을 꾸릴 돈이 그만큼 줄어들지 않겠어요. 재무 건전성이 악화한다고 표현하지요. 회사를 꾸려 갈 돈이 넉넉지 못하면 새로운 사업이나 투자를 제대로 할 수 없어 사업이 어려워지게 됩니다. 그러면 결국 주가가 떨어지게 되고 주주가 손해를 보는 겁니다.

빌 게이츠가 회장을 맡고 있는 미국의 마이크로소프트는 회사를 시작한 이래 주주에게 한푼도 배당하지 않는 '무배당 원칙' 을 고집하고 있습니다. 주주에게 배당할 돈을 다른 곳에 투자해 주식 가치를 높이고 주주에게 더 많은 이익을 주겠다는 것이지요.

여러 사람 피해, 한꺼번에 보상받는 것

아이스크림을 좋아하는 재민이가 어느 날 배탈이 났어요. 병원에 가보니 한 동네에 사는 길수랑 영희도 와 있었어요. 배를 콕콕 찌르고 설사하는 증상이 비슷했어요.

신문에서도 비슷하게 배앓이를 하는 환자가 전국적으로 수천 명이라고 보도했어요. 전문가들이 조사한 결과 재민이가 먹은 아이스크림에 병균이 들어 있던 게 문제였습니다.

재민이는 치료비로 10만 원을 쓴데다 일주일 동안 학교를 못 갔어요. 그런데 같은 병을 앓은 길수는 증상이 심해 치료비가 100만 원을 넘어, 아이스크림 회사를 상대로 재판을 걸어 치료비를 받아냈답니다.

재민이네도 아이스크림 회사에 찾아가 치료비를 물어달라고 했더니 재판을 하라는 거예요. 그러나 변호사 비용 등 돈이 많이 들어가고, 법원에 가려니 학교를 또 빠져야 해 포기했답니다. 바로 이런 경우 피해자를 구제하는 제도가 집단소송제입니다.

길수가 재판에 이겼으므로 같은 병을 앓은 재민이는 재판을 안 해도 치료비를 받을 수 있도록 하는 것이죠.

실제로 1994년 미국 미네소타 주 주민들이 살모넬라균에 오염된 아이스크림을 먹고 식중독에 걸렸어요.

피해 주민들은 집단소송을 냈고, 그 결과 1만 3000여 명의 주민들이 80∼7만 5000달러씩 아이스크림 회사에서 배상을 받았어요.

하지만 우리나라에는 집단소송 제도가 없기 때문에 길수가 재판에서 이겼어도 재민이가 재판을 안 하면 치료비를 받을 수 없답니다.

그렇다면 왜 우리나라에는 이 제도가 없을까요. 또 정부가 도입하겠다고 하자, 왜 기업 단체인 전국경제인연합회에서 반대할까요.

나름대로 이유가 있지요. 우선 재판이 많아지리란 것입니다. 적지 않은 비용과 시간이 필요하므로 재판을 하지 않던 사람들이 조금만 피해를 보아도 재판을 걸게 된다는 것이지요.

이길 승산이 있으면 피해를 보상받는 여러 사람들이 조금씩 재판 비용을 부담하면 되니까요. 1938년부터 집단소송제를 도입한 미국에선 불필요한 소송도 많다는 거예요.

1981년 미국에선 페놀이란 물질이 미시시피 강을 오염시킨 일이 생겼어요. 그러자 주민 100만 명이 집단소송을 냈고, 페놀을 방출한 회사에선 9000만 달러(약 1000억 원)를 물어

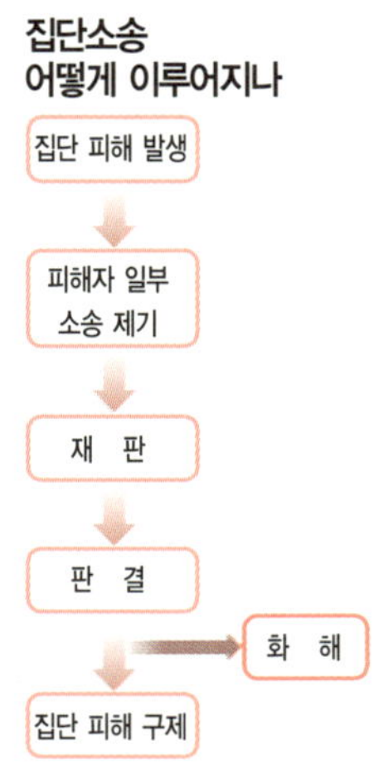

주었어요.

이처럼 가해자 입장에선 집단소송에서 지면 많은 피해자에게 보상해야 하므로 큰돈이 들어가죠.

어지간한 회사는 망하게 됩니다. 그래서 집단소송을 당한 회사는 법원의 판결이 나기 전에 피해자와 적당한 선에서 피해를 보상하며 타협하는 경우도 있지요.

기업 입장에선 소송이 늘어나고 자칫 잘못하면 회사가 망할지도 모르는데 집단소송제를 도입하는 것이 반가울 리 없죠.

그러나 시민단체에선 "여러 사람이 당하는 집단적인 피해를 구제하는 데 안성맞춤"이라며 "이 제도가 있어야 물건을 더 잘 만들고 소비자를 보호할 것"이라고 말합니다.

사실 그동안은 집단소송제를 도입하기 어려운 점도 있었습니다. 어떻게든 공장을 많이 지어 물건을 만들어 수출해 가난을 벗는 것이 환경과 소비자 보호보다 더 중요하다고 여겼던 시절이 있었죠.

정부도 이런 점을 인정해 도입을 미뤄왔는데, 이젠 우리나라 기업도 덩치가 커졌고 세계적인 기업과 어깨를 겨루려면 거짓말을 해선 곤란하고 환경과 소비자 보호를 생각해야 할 때가 됐다는 것입니다.

정부는 우선 주식 투자와 관련한 분야에서 집단소송제를 도입할 생각입니다. 환경 오염 등 모든 피해에 대해 집단소송제를 도입하면 기업에 큰 충격을 줄 수도 있으므로 단계적으로 도입하자는 것이죠.

　기업이 거짓말(허위 공시)을 하거나, 이익이 실제보다 많은 것처럼 회계 장부를 꾸미는(분식 회계) 경우가 있는데, 이것을 모르고 투자한 일반인들은 나중에 사실이 드러나면 주가가 떨어져 손해를 보게 되죠. 이때 주주들이 집단소송을 낼 수 있도록 하자는 것입니다.

　중요한 것은 피해를 본 사람들이 어떤 식으로든 보상받을 수 있어야 한다는 점이에요. 제도가 없어 많은 사람이 피해를 보았는데도 기업이 나 몰라라 하고 버티면 곤란하죠.

　그렇다고 별문제가 없는데도 걸핏하면 재판을 걸어 기업을 힘들게 하면 나라 전체적으로 문제이므로 이를 막는 장치도 있어야겠지요.

집단소송제 비슷한 것 뭐가 있나

1984년 서울에 큰비가 내렸어요. 유수지 수문이 망가져 망원동 일대가 물에 잠겼답니다. 피해를 본 주민 1만여 가구는 수문을 관리하는 서울시에 손해를 배상하라고 소송을 냈어요. 재판이 7년이나 걸렸는데 주민들은 서울시로부터 가구당 10만~100만 원의 위자료를 받았어요. 이때 피해자들이 집단으로 소송을 냈다고 해서 '집단소송'이라고 부르기도 했어요.

월남전에 참가했다가 돌아온 군인들 가운데 당시 울창한 밀림의 잎을 제거하려고 사용한 고엽제 때문에 후유증을 앓는 분들이 많아요. 이들 중 일부는 고엽제를 만든 회사를 상대로 재판을 걸었어요. 재판에 참여한 고엽제 후유증 환자는 수천 명이지만, 실제로 법정에 나가 재판하는 사람은 열 명입니다.

이처럼 같은 피해를 본 이들이 대표를 뽑아 소송을 맡기는 것을 선정 당사자 제도라고 해요.

둘 다 재판을 통해 집단으로 피해를 구제받겠다는 점에선 집단소송제와 비슷하지요. 그러나 엄격히 말해 집단소송은 아니랍니다.

집단소송은 함께 재판을 걸지 않더라도 같은 피해를 본 사람이면 모두 그 판결의 효력을 볼 수 있어야 합니다.

하지만 망원동이나 고엽제 소송은 재판에 참여한 사람한테만 효력이 미칩니다. 주주 대표 소송이란 제도도 있어요.

주주가 회사를 대신해 소송을 거는 것이죠. 1997년 제일은행 소액 주주들이 이철수 전 제일은행장 등을 상대로 건 재판이 여기에 해당합니다.

당시 소액 주주들은 경영진이 부실 기업에 마구 대출해 은행이 부실해졌고 주가도 떨어졌다

며 400억 원을 배상하라며 재판을 걸었지요.

주주들이 제일은행을 대신해 소송을 낸 것입니다. 이 경우 재판에서 이겨 손해배상을 받아도 그 돈은 모두 회사로 들어가고 재판 당사자인 주주 입장에선 당장 손에 돈을 쥐진 못합니다.

하지만 회사가 배상금을 받으면 경영이 좋아지고 이로 인해 주가가 오르는 간접 이익을 보게 됩니다.

공정거래위원회가 도입한 일괄피해구제 제도는 재판을 하는 것은 아니지만 여러 사람이 당한 피해를 한꺼번에 보상받도록 한다는 점에서 집단소송의 전 단계로 볼 수 있지요.

공정위가 일괄피해구제 대상으로 선정하고, 시정 조치를 내리면 다른 피해자도 이 결정을 근거로 소비자보호원 등을 통해 손해를 배상받을 수 있답니다.

부실 금융기관 되살리는 '밑천'이에요

정부가 외환 위기 이후 금융기관의 응급 처치나 부실 청소를 위해 사용한 돈은 공적 자금 64조 원이라고 하죠. 하지만 이뿐만이 아닙니다.

이와 별도로 정부는 25조 6000억 원을 산업은행이나 수출입은행처럼 정부와 밀접한 관련이 있는 특수 은행을 통하거나 정부 재산을 사용하는 방식 등으로 마련해 사용해왔습니다.

흔히 공적 자금과 구분하기 위해 이를 공공 자금이라고 하지요. 따라서 정부가 사용한 부실 처리 비용(공적 자금 + 공공 자금)은 89조 6000억 원이 되는 셈입니다.

정부는 이런 비용이 구조조정이 잘되면 회수할 수 있는 돈이기 때문에 사용하고 없어지는 비용과는 다르다고 주장합니다.

그러나 투입 자금이 100% 회수되지 않으면 그만큼은 결국 국민 세금으로 부담할 수밖에 없지요. 게다가 숨어 있는 비용도 만만치 않습니다. 채권을 발행해 남의 돈을 빌리게 되면 이자를 추가로 부담해야 합니다.

실제로 정부는 채권(債券)을 발행한 예금보험공사와 자산관리공사의 자금 사정을 고려, 정부 예산으로 이자 비용을 빌려주고 있는데 1998년부터 2000년까지 들어간 이자 비용만 11조 원가량이 된답니다.

정부는 이 돈을 공짜로 주는 게 아니라 빌려주는 것이며, 결국 두 공사가 갚아야 할 돈이라고 강조하고 있습니다.

그렇다고 하더라도 정부가 두 공사에서 자금을 빌려주는 조건이 3년간 이자를

받지 않는 조건임을 생각하면, 그만큼은 이미 국민이 부담하고 있는 셈입니다.

만약 정부가 11조 원으로 연이율 7.5%의 은행 정기예금에 들었다면 3년 동안 2조 원의 이자 수입을 거둘 수 있었지만 실제로는 그렇지 못했다는 얘기입니다.

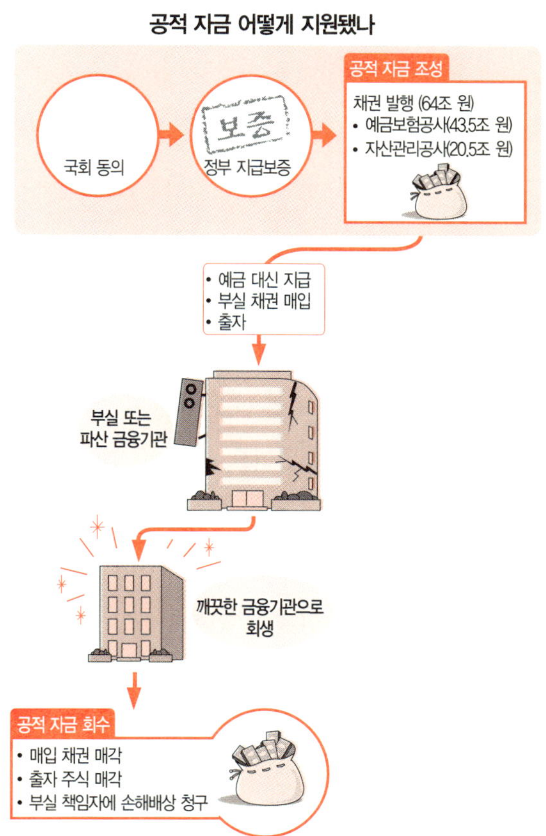

돈 가치 떨어져 저축 안 하려고 해요

물가는 나라가 경제를 끌고 가는 데 있어 으뜸을 이루는 부분입니다. 일반 서민이 가정 살림을 꾸리는 부분에 있어서는 물론 여러분의 호주머니 용돈까지 바로 영향을 주기 때문입니다.

우리가 경제 개발 정책을 가속화하던 시절(흔히 '개발연대' 라고 합니다) 물가를 통제하기란 여간 힘든 게 아니었습니다. 한 해 20~30%의 물가 상승률을 기록하는 것이 예사였으니까요. 나라가 정말 안 되겠다고 생각했는지 1980년대 들어 방향을 틀기 시작했습니다. 물가를 잡는 데 역점을 두기 시작한 것이지요. 만날 성장만 얘기하며 물가 오름세를 적당히 내버려뒀다가 새로 안정이라는 기치를 올리면서 물가 관리에 나선 것입니다.

세계사적으로 볼 때 인플레이션 개념이 본격적으로 등장한 것은 16세기 유럽에서였습니다. 콜럼버스의 신대륙 발견 이후 금광, 은광이 발견되고 그 생산이 크게 늘어나면서 물가 상승이 지속됐어요. 가장 유명한 예는 제1차 세계대전 이후의 독일의 경우랍니다. 1923년 무렵 독일의 물가는 하늘 높은 줄 모르고 뛰어올라 한때 1조 마르크가 1마르크 신세로 추락하기도 했대요. 저축을 했던 형보다 맥주를 사 마시고 병과 뚜껑을 모았던 동생이 부자가 됐다는 일화가 결코 과장이 아닙니다.

✳ 왜 물가를 잡아야 하나

인플레이션은 물가(물건 값)가 오른다는 의미입니다. 달리 말하면 화폐 가치 (돈값)가 떨어지는 것이죠. 결국 화폐(돈)보다는 재화(물건)를 갖고 있는 사람이 유리하게 됩니다. 극단적으로는 아예 예금을 하기보다 소비하는 편이 나을 수도 있습니다.

실제 그렇게 간다고 하면 문제는 심각해집니다. 우선 우리가 저축을 줄이면 은행에 돈이 달립니다. 이 경우 기업이 투자를 위해 은행에 돈을 빌리려 해도 오케이를 얻지 못할 경우가 많아집니다. 기업으로서는 결국 투자를 포기해야 합니다. 나라 경제도 비상일 수밖에 없습니다. 돈이 부족한 상태를 오래 지속하면 심각한 일이 벌어질 수도 있기 때문에 외국에서 돈을 들여오는 방도를 찾아야 합니다.

정작 문제는 잘사는 사람이 혜택을 본다는 점입니다. 가만히 있어도 돈값이 떨어지니 상대적 계산만으로도 부동산 값은 오르는 것 아닙니까. 물건 또는 땅·건물을 가진 사람의 재산은 눈덩이처럼 불어납니다. 반대로 소시민들의 경제는 더욱 어려워집니다. 우선은 같은 수입으로 구입할 수 있는 물건이 적어집니다. 특히 새로 부동산을 갖는 것은 엄두조차 못 내게 되고 결과적으로 내 집을 마련하겠다는 목표는 더 멀어지기만 한답니다. 아무리 절약해 돈을 모아도 집을 살 즈음 그 값은 더 올라버리니 그럴 수밖에요.

사실 약간의 물가 상승은 경제에 도움이 됩니다. 물건(상품)과 부동산(공장)을 갖고 있는 기업에 유리하니 겉보기에는 나라 경제가 잘 돌아간다는 거죠. 하지만 그건 절대 경계해야 할 일이에요. 결과적으로 가진 자를 위해 덜 가진

자를 위협하는 셈이 되기 때문입니다.

여기서 하나만 덧붙일게요. 기업들이 돈이 없어 막 넘어진다고 할 때 어떤 학생들은 한국은행이 돈을 찍어내 지원하면 되지 왜 기업을 망하게 하는가고 의문을 품더군요. 이제는 그게 아닌 줄 알겠죠. 돈을 마구 찍어내면 어떻게 됩니까. 바로 물가를 자극하게 되고 그것은 결국 서민들의 삶에 주름을 파이게 합니다. 가뜩이나 그런 기업은 어렵사리 살려봐야 곧 다시 부실해지기 일쑤라 더 신중해야 할 일입니다.

＊ 물가가 오르는 이유

물건 값은 어떻게 정해지는지 아시죠. '사자'는 수요와 '팔자'는 공급이 만나는 점에서 가격이 결정됩니다. 만일 수요가 갑자기 늘면 어떻게 될까요. 당연히 값이 오릅니다. 또 공급이 줄면 역시 값이 오르게 마련입니다.

인건비나 물건의 재료비가 올라도 사정은 같습니다. 생산자는 그 비용을 소비자에게 떠넘겨 경영 악화를 막으려는 속성을 갖고 있거든요. 흔히 국제 기름 값이 폭등을 하고 원자재 가격마저 불안해질 경우 생겨나는 현상입니다. 교통비가 올라도 물건 값은 들먹이지요.

여기에서 우리는 두 가지를 말할 수 있겠네요. 하나는 수요가 물가 상승을 끌어간다 해서 수요 견인(demand-pull) 인플레이션, 다른 하나는 비용이 뒤에서 물가를 부추긴다 해서 비용 인상(cost-push) 인플레이션입니다. 또 하나가 있어요. 바로 시중에 돈이 얼마나 많은가 하는 점이에요. 경제학에선 이를 통화 요인에 의한 인플레이션이라고 해요. 가령 시중에 돈이 많이 풀리면 자연

돈값은 떨어집니다. 이는 바로 물건 값이 비싸진다는 의미와 같습니다. 그래서 물가 상승이 불가피하게 됩니다.

✳ 물가도 여러 가지가 있다

그래요. 물가는 하나만이 아니에요. 흔히 물가 하면 소비자물가를 의미합니다. 생활과 가장 밀접하기 때문이죠. 예컨대 물가 상승률이 3%라 할 때도 바로 그것입니다.

소비자물가지수는 재정경제부가 매달 발표합니다. 기준 시점인 1995년 가계(집)에서 구입한 각종 물건과 서비스 등 509개 품목의 값을 100으로 하고, 달라진 가격을 계산해내는 거죠. 따라서 생활 수준의 향상이나 식구 수의 변동, 자녀의 성장에 따른 소비와 지출 규모의 변화는 포함되지 않습니다.

다른 하나는 생산자물가입니다. 그것은 기업 간의 대량 거래에서 형성되는 모든 상품의 가격 변동을 측정한 것이에요. 한국은행이 서울을 비롯한 16개 주요 도시, 896개 품목을 대상으로 작성해 발표하고 있습니다.

조금 전문적이지만 '근원 인플레이션(core inflation)'도 알아둘 필요가 있을 것 같아요. 한마디로 그것은 한국은행이 물가 상승의 여러 요인 중 통화에 의한 것만 추려 따로 작성하는 수치입니다. 통화 정책을 효과적으로 수립, 적용하기 위한 지표로 삼고 있답니다. 소비자물가 구성 항목 중 농산물(곡물은 제외)과 석유류는 계산에서 제외됩니다.

기업 투자, 개인 소비 늘어요

중세 유럽에서는 돈을 빌려주고 이자를 받는 행위를 금지했어요. 스스로 땀 흘려 벌지 않은 돈은 나쁜 것이라는 종교의 가르침 때문이었죠. 금리라는 단어도 죄악시해 감히 입에 올리지 못하게 했답니다.

그러나 요즘은 세상이 달라졌어요. 금리는 우리의 경제 활동을 좌우하는 중요한 지렛대 가운데 하나가 됐습니다.

혹시 부모님이 은행에 돈을 맡기면서 "금리가 자꾸 떨어져 이자가 쥐꼬리만 해졌다"고 말씀하는 것을 들은 적이 있나요?

요즘(2003년)은 100만 원을 1년 동안 은행에 맡겨도 이자는 고작 4만~5만 원에 불과해요. 금리가 연 4%대로 낮아졌기 때문이죠. 부모님의 이자 수입이 줄어들면 여러분의 용돈이 깎일지도 몰라요.

그런데 기업들은 금리가 내리면 오히려 좋아합니다. 빌린 돈에 대한 이자가 줄어들고, 더 싼 금리로 돈을 빌려 기계를 새로 설치하거나 여러 가지 원료 및 물건을 살 수 있으니까요.

이처럼 금리가 오르거나 내리면 가계와 기업이 직접 영향을 받습니다.

금리가 오를 경우 금융기관에 돈을 맡기면 많은 이자를 받기 때문에 저축이 늘어납니다. 반대로 금리가 내리면 사람들은 저축하기를 꺼려하죠.

금리는 기업들의 투자 활동에도 영향을 미칩니다. 금리가 오르면 돈을 빌려 투자할 경우 금융 비용(이자)이 늘어나기 때문에 기업들은 투자를 줄이게 되고, 금리가 낮아지면 거꾸로 투자를 늘립니다.

금리에 따라 물가도 움직입니다. 금리가 높아지면 기업은 금융 비용이 늘어나기 때문에 당장 제품 가격을 올리려고 해요(원가 상승 효과).

그러나 다른 한편으로는 기업의 투자가 줄어들고, 사람들도 소비를 줄이는 대신 저축을 늘립니다(수요 감소 효과). 경제 전체적으로 보면 원가 상승 효과보다 수요 감소 효과가 크기 때문에 금리가 오르면 일반적으로 물가는 떨어집니다. 물론 금리가 떨어지면 물가는 오르게 되지요.

이와 같이 금리는 투자와 저축, 물가는 물론 환율·실업률·국제수지에 이르기까지 경제 전반에 광범위한 영향을 미치는 요술방망이라고 할까요.

이런 효과 때문에 시중에 풀리는 돈을 관리하는 중앙은행과 정부는 항상 금리의 움직임을 살피고, 금리를 올렸다 내렸다 하면서 경제의 흐름을 바람직한 방향으로 이끌려고 하죠. 바로 이것을 금리 정책이라 합니다.

그러면 금리와 경기는 어떤 관계가 있을까요.

경기란 '경제의 상태'를 말합니다. 경제 상태가 좋다는 것은 생산과 소비, 투자가 모두 활발히 움직인다는 뜻이죠. 시장에 내놓은 상품이 잘 팔려 이익이 많이 나면 기업은 상품을 더 많이 만들기 위해 투자를 늘리죠. 따라서 일자리도 많아집니다.

이처럼 소비와 생산, 투자가 서로 부추기며 활발해진 상태를 가리켜 '경기가 좋다(호황)'고 말하죠. '경기가 나쁘다(불황)'는 말은 소비자들이 물건을 사지 않아 생산이 감소하고 일자리가 줄어드는 것을 말합니다.

경기가 좋으면 기업은 장사가 잘되니까 투자를 늘려 더 많은 이익을 내고 싶어합니다. 그러자면 더 많은 자금(돈)을 빌려야 하고, 돈의 수요가 늘어난 만큼 금리가 올라가게 됩니다. 반대로 경기가 좋지 않으면 빌렸던 자금도 갚으려고 해 금리는 떨어지게 됩니다.

경기는 좋았다가 나빠지고, 나쁘다가 다시 좋아지지요. 각국 정부와 중앙은행은 불황에서 탈출하거나 지나친 호황을 진정시키기 위해 여러 가지 정책을 폅니다. 이처럼 경기 조절 기능을 맡는 수단 가운데 하나가 금리 정책입니다.

경기가 나쁘면 중앙은행은 금리를 낮춥니다. 그러면 사람들은 소비를 늘리고 기업은 투자를 확대해 경기가 회복되죠. 이를 경기 부양이라고 합니다.

반대로 호황이 지나쳐 거품이 우려되면 중앙은행은 금리를 올립니다. 그 결과 소비와 투자가 줄어들어 경기는 진정됩니다.

우리나라 중앙은행인 한국은행은 2001년 2월 8일 금융기관끼리 단기 자금을 주고받을 때 적용하는 콜금리를 0.25%포인트 낮췄습니다.

미국의 중앙은행인 연방준비제도이사회(FRB)도 2001년 1월 연방기금 금리를 두 차례에 걸쳐 각각 0.5%포인트씩 모두 1%포인트 내렸습니다. 두 나라 모두 당시 경기가 빠른 속도로 나빠지자 금리 인하를 통해 경기를 부양해야 한다고 판단한 것이죠.

그러나 경제학자들은, 금리는 되도록 돈의 수요와 공급에 따라 시장에서 자연스럽게 결정되는 것이 바람직하다고 봅니다. 금리를 너무 자주 급격하게 변동시키면 경제의 앞날을 쉽게 예측하기 어려워 기업의 투자 의욕을 꺾는 부작용이 나타나기 때문입니다.

또 금리가 지나치게 낮아지면 경쟁력을 잃어 사라져야 할 기업까지 버젓이 살아남아 기업 구조조정이 물거품이 되고, 금리가 너무 높으면 우량 기업마저 금융 비용이 부담돼 투자를 하지 못하는 결과를 가져옵니다.

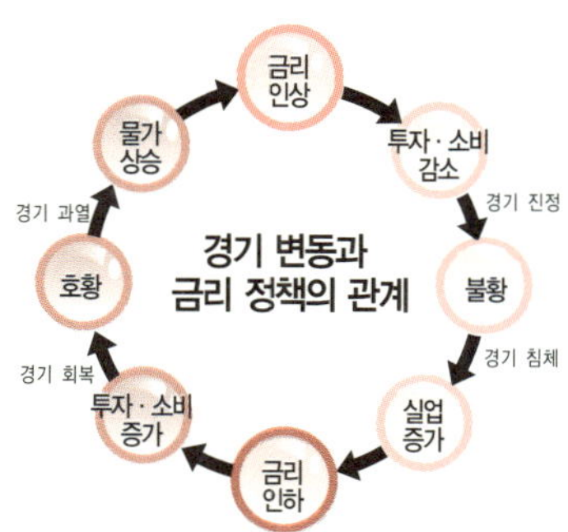

돈 꼭 빌려야 하는 사람 있기 때문

국세청은 수시로 사채업자들에 대한 특별 세무 조사를 실시하곤 합니다. 정부도 서민 금융 이용자 보호대책을 마련하고 있지요. 대통령도 "사금융 피해를 줄이도록 대책을 세우라"고 지시했답니다.

얼마 전 국세청 조사요원이 들이닥친 서울 여의도의 한 사채업자 사무실에는 채권 확인증 · 위임장 · 부동산 임의 경매 승낙서 등이 무더기로 쏟아져 나왔어요. 이 사채업자는 아파트 · 상가 등 무려 22개의 부동산을 갖고 있는 것으로 밝혀졌지요.

그러면 정부가 팔을 걷어붙인다고 과연 사금융이 사라질까요. 금융 전문가들은, "사채업자들이 정부의 단속을 피해 한동안 물밑으로 숨겠지만 사금융을 절대 뿌리뽑을 수 없다"고 말합니다.

비싼 이자를 물더라도 꼭 돈을 빌려야 하는 사람들이 있는 한, 사금융은 사라지지 않는 것이지요. 수요가 있으면 공급이 뒤따른다는 경제 원리가 여기에도 적용되는 셈입니다.

얼마 전엔 한 20대 여성이 사채업자에게 150만 원을 빌렸다가 인생을 망친 사건이 생겼어요.

이 여성은 한 달에 100%나 되는 이자를 감당하지 못해 폭력배에게 시달린 끝에 지방 유흥가로 팔려갔다니, 정말 무서운 일이지요.

요즘 (예금) 금리가 너무 낮아 생활비가 안 된다고 야단인데, 다른 한편에선 이처럼 높은 이자를 갚지 못해 힘겨워하는 사람들이 적지 않아요.

이들은 왜 위험을 무릅쓰고 고금리로 돈을 빌릴까요. 결론부터 말하면 담보도 없고 신용이 나빠 제도권 금융기관에서 돈을 빌리기 어렵기 때문입니다.

은행 같은 제도권 금융이 아니면서 높은 이자를 받고 돈을 빌려주는 것을 사(私)금융이라고 부른답니다. 어음을 할인해주는 사채업자와 '○○기획' '◇◇개발' 등 그럴듯한 금융기관처럼 행세하는 사금융 회사들이 요즘 많이 생겨났지요.

이들은 은행이나 신용금고에서 연 10% 정도의 금리로 돈을 빌린 뒤 신용 상태가 나빠 대출을 받지 못하는 서민을 상대로 높은 이자를 받으며 돈놀이를 합니다. 일부 악덕업자들은 돈을 빌렸다가 갚지 못하는 사람에게 폭력배를 시켜 협박까지 서슴지 않아요.

1990년대 들어 한동안 자취를 감췄던 사금융은 외환 위기 이후 다시 고개를 들고 있어요. 은행이 신용 나쁜 회사나 개인에게 대출을 꺼리기 때문이죠. 이처럼 제도권 금융기관이 제 역할을 하지 못하면 사금융은 언제든지 되살아납니다.

그러면 사금융을 이용하지 않으면 될 것 아니냐고 하겠지요. 하지만 서민들에게 제도권 금융은 여전히 문턱이 높습니다. 특히 서민들이 주로 이용해온 상호신용금고는 1997년 231개사에서 2001년에는 126개로 줄었어요.

사금융이 무조건 나쁜 것은 아니랍니다. 신용은 나쁘지만 급한 사정이 있는 개인과 기업에 돈을 빌려주고, 어음 할인을 통해 현금을 유통해주는 자금줄 역할을 톡톡히 하는 것은 분명하지요.

문제는 사금융 업자들이 받는 이자율이 은행이나 신용금고·신용카드사 등 제도권 금융기관에 비해 터무니없이 높다는 겁니다. 은행 대출 금리의 10~20배 되는 경우도 드물지 않아요. 1998년 이자제한법이 폐지되면서 사채 이자율은 더욱 크게 올랐습니다.

이자제한법은 돈을 빌릴 때 일정 한도 이상의 금리를 받을 수 없도록 해 경제적으로 어려운 사람들을 보호하기 위한 법률입니다. 1962년에 만든 이 법률은 외환 위기 직후 없어졌어요.

국제통화기금(IMF)이 "금리는 자금 시장의 수요와 공급에 따라 자유롭게 결정돼야 한다"면서 없애도록 권고했기 때문이었죠.

최근 사금융의 나쁜 점이 불거지면서 이자제한법을 다시 만들어야 한다는 의견이 나왔습니다.

그러나 이자제한법을 부활하면 금리 한도에 묶여 돈이 돌지 않는 경우가 생겨 오히려 서민이 피해를 볼 수 있다며 반대하는 사람도 적지 않답니다.

그렇다면 어떻게 해야 사금융 문제를 해결할 수 있을까요.

먼저 신용 불량자들이 많이 생기지 않도록 막아야 합니다. 신용 불량자들은 신용카드를 마구 쓰거나 카드로 돈을 빌렸다가 낭패를 본 경우가 많습니다. 따라서 미성년자나 돈을 갚을 능력이 없는 사람에게는 카드를 내주지 않는 것이 바람직하지요.

둘째로 사채업을 밝은 곳으로 끌어내야 합니다. 폭력과 불법이 발붙이지 못하게요. 현재 정부에 등록하지 않고 몰래 영업하는 업체는 3000여 개에 이른답니다.

그러나 무엇보다 제도권 금융기관들이 담보가 부족한 서민에게 돈을 빌려줄 수 있도록 문턱을 낮추는 것이 중요합니다. 은행과 상호신용금고가 제자리를 잡으면 서민들은 굳이 금리가 높은 사금융에 기댈 필요가 없겠지요. 금융이 발달한 선진국일수록 사금융을 찾아보기 어려운 것도 이 때문이랍니다.

덩치는 키우고 비용은 줄이려고

얼마 전 A은행과 B은행이 합병한다는 소문이 파다했습니다.

두 은행은 여의도 증권거래소에 상장되어 있어요. 증권거래소는 주주들을 위해 합병 소문에 대한 은행의 입장을 밝히라고 요구했지요. 두 은행은 결국 "합병에 대해 결정된 것은 없으며, 앞으로 진행 사항이 있으면 재공시하겠다"고 밝혔답니다.

두 은행의 합병설에 대해 증시에선 대체로 긍정적으로 받아들였고, 주가도 올랐습니다.

실제로 합병할지는 두고 볼 일이지만 소매 금융에 강점을 갖고 있는 두 은행이 합치면 좋은 결과를 낳을 것이라는 분석이 많았기 때문이죠.

두 은행이 합쳐질 때 1 + 1 = 2를 넘어 1 + 1 = 3이 되는, 이른바 시너지 효과를 거둘 수 있을 것이란 얘기입니다.

외환 위기 이후 은행 합병이란 단어가 자주 등장했죠. 실제 합병한 은행도 적지 않고요.

일반적으로 은행들이 합병하는 이유는 몸집을 키워 각종 비용을 줄이기 위해서입니다. 경제학에서는 이를 '규모의 경제(economy of scale)'라고 합니다.

덩치를 키우면 제품 하나를 만들거나 서비스를 제공하는 데 들어가는 비용(평균 비용)이 줄어드는 현상을 규모의 경제라고 하지요. 그만큼 효율적으로 제품이나 서비스를 생산할 수 있게 되는 겁니다.

2001년 11월 1일에 출범한 국민은행은 옛 국민은행과 주택은행이 합쳐진 곳

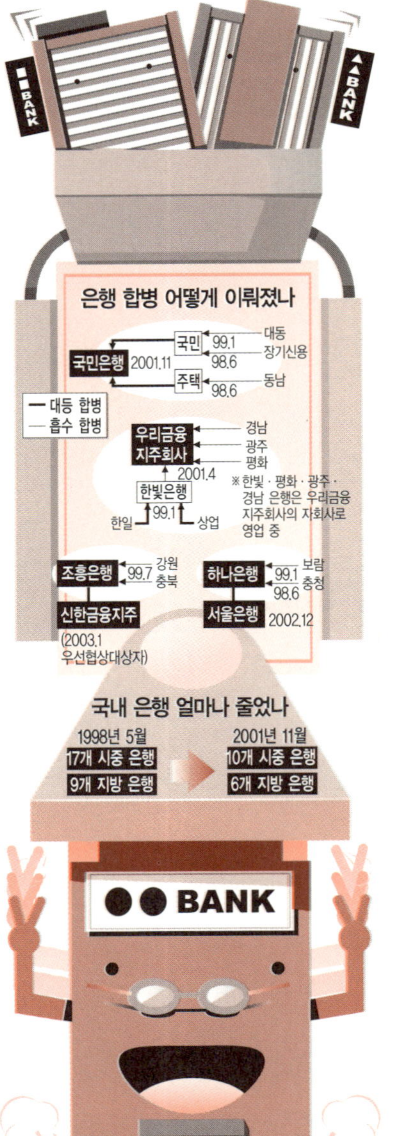

입니다. 소매 금융 중에서도 가계 금융에 강한 옛 국민은행과 주택 담보 대출 등 주택 금융에 특화된 주택은행이 합친 것이죠.

한빛은행도 상업은행과 한일은행이 합병해서 생긴 은행입니다. 두 은행은 모두 예금으로 조달한 자금을 주로 기업에 대출해주는 도매 금융의 비중이 높았던 곳입니다. 2001년에는 한빛은행도 우리금융 지주회사에 편입됐지요.

국민은행은 규모의 경제를 통해 비용을 절감해보자는 취지에서 탄생한 합병 은행이죠.

규모의 경제는 또 시장에서 막강한 힘을 발휘할 수 있게 합니다. 덩치가 클뿐더러 이익도 많이 내는 국민은행이 예금이나 대출 금리를 내리기로 하면 다른 은행들은 어쩔 수 없이 따라가게 되는 것이죠.

국민은행의 덩치가 워낙 커져 다른 은행들은 정면으로 맞붙지 못하고 국민은행의 눈치를 살펴야 할 처지입니다.

은행들이 합병하는 또 하나의 이유는 다양한 분야에서 강해지기 위해서입니다. 예를 들어 한 은행은 소매 금융에 강하고, 다른 은행은 도매 금융에서 1등이라고 할 때 두 은행이 합치면 소매·도매 금융 모두에서 강자가 될 수 있다는 논리입니다.

소매 금융에 강한 은행이 도매 금융을 키우려면 많은 시간과 돈이 들어가므로 아예 도매 금융에 강한 은행과 합병한다는 것이죠. 경제학에서 말하는 '범위의 경제(economy of scope)'를 위한 것이라고 할 수 있습니다.

범위의 경제란, 한 기업이 여러 제품을 생산할 때 들어가는 비용이 이 제품들을 여러 기업이 나눠서 각각 생산할 때의 비용보다 싸지는 효과를 말합니다. 이 같은 효과를 높이기 위해선 합병하는 은행들끼리 겹치는 부분이 적어야 하겠지요.

옛 국민은행과 장기신용은행의 합병은 일반적인 은행 합병과는 달리 규모와 업무 성격이 다른 은행 간의 합병이었습니다.

합병 전 국민은행은 예적금 등 상대적으로 낮은 이자의 자금을 조달해 가계와 소기업에 대출하는 소매 금융 위주의 은행이었죠. 반면 장기신용은행은 금융채를 발행해 조달한 자금을 주로 기업에 대출해주는 도매 금융을 하고 있었습니다.

소매 금융의 강자인 국민은행과 기업 금융의 노하우를 자랑하는 장기신용은행이 효율적으로 결합하면 업무 다각화 등에 힘입어 범위의 경제를 기대할 수 있다는 것이었죠.

은행 합병은 또 부실 은행을 처리하기 위한 수단으로도 활용됩니다. 특히 우리나라와 일본에서는 경쟁력을 높이기 위해 은행들이 자율적으로 합병한 경우

보다는 부실 은행을 처리하기 위해 이뤄진 합병이 많습니다.

부실 은행을 청산하거나 공적 자금을 집어넣어 살리는 것보다 다른 은행에 합병시키는 게 금융 시스템의 안정을 유지할 수 있고, 돈도 비교적 적게 들어가기 때문이죠.

우리나라의 첫 합병 은행은 1976년 서울은행과 신탁은행이 합쳐 탄생한 서울신탁은행(2002년 하나은행과 합병)입니다. 서울신탁은행이나 그 후 22년 만인 1998년에 이뤄진 상업 + 한일 = 한빛은행, 조흥 + 강원 + 충북 = 조흥은행 등의 합병 사례는 부실을 처리하기 위한 목적이 더 컸답니다.

정리하면 은행 합병의 목적은 ▶규모의 경제▶범위의 경제▶부실 은행의 처리 등이라고 요약할 수 있습니다.

우리나라나 일본 같은 곳에선 부실 은행의 처리를 위해 은행 합병이란 방법을 쓰기도 하지만 미국에서는 이런 일을 생각하기 어렵답니다.

미국의 경우 종전엔 대형화에 따른 비용 절감과 효율성 향상을 위해 합병이 이뤄졌고, 요즘 들어선 영업 활동의 보완을 통해 고객에게 다양한 서비스를 제공하거나 영업 지역을 확대해 수익 기반을 넓히는 것을 목적으로 하는 합병이 늘고 있습니다.

은행 합병이 항상 성공하는 것은 아닙니다. 합병이란 게 서로 다른 두 회사가 합쳐지는 것이어서 합치기도 쉽지 않지만 합병 후 조직 융합을 잘못하면 합병하지 않은 것만 못한 경우도 있습니다.

우리나라에서는 초대형 은행이 된 국민은행과 경쟁하기 위해 대부분의 은행이 다른 은행과의 합병을 생각하고 있는 중이랍니다. 그래서 당분간 은행 합병에 관한 얘기는 계속 나올 것으로 보입니다.

Part 4

알아두면 좋은 생활 경제

기름 소비 확 줄어 재고 넘친 탓

지난 2001년 8월 4일, SK㈜ 등 국내 정유사들은 휘발유(가솔린) 값을 리터당 30원(약 3%)씩 내렸습니다. 경유(디젤)와 등유 값은 리터당 40원 정도씩 인하했어요. 자동차에 기름을 채워야 하는 운전자들이나 등유를 연료로 때는 가정·기업에는 반가운 일이지요.

석유류의 값이 내리면 운전자들은 그만큼 돈을 다른 데 쓸 수 있어 소비가 늘어나고, 항공·해운사는 운송 비용을 줄이게 되며 석유화학회사는 원재료 값 부담이 줄어 이익이 늘어납니다.

반면에 1970년대의 1·2차 오일 쇼크 때처럼 석유 값이 갑자기 오르면 물가는 치솟고 경제는 제대로 돌아가지 않게 됩니다.

이렇게 석유류 값은 경제 성장의 윤활유가 되기도 하고, 경제에 먹구름을 몰고 오기도 하는 경제의 주요한 변수입니다. 그러면 이런 기름 값은 어떻게 결정될까요?

석유류 가격은 기본적으로 필요한 양(수요)과 생산되는 양(공급)의 차이에 의해 좌우됩니다. 국제적으로 석유가 모자라면 값이 오르고, 남아돌면 값이 떨어지는 것이지요.

중동 지역 산유국 간의 분쟁이나, 자연 재해·이상 기후가 발생하는 경우에도 값이 달라지지요. 또 가끔 보도되는 정유·공장의 화재나 원유를 운반하는 유조선의 충돌 사고, 미국 등 석유를 많이 쓰는 나라들의 에너지 정책 등도 국제적인 석유류 가격에 영향을 미칩니다.

국제 원유 값은 2001년 초만 하더라도 배럴(약 159리터)당 30달러선을 유지했지만 세계적인 경기 침체로 소비가 줄면서 2001년 중순에는 배럴당 22달러선까지 떨어졌습니다.

특히 국제적으로 휘발유가 남아돌면서 휘발유 값이 원유 가격보다 더 밑으로 떨어지는 기현상이 3개월 동안 벌어졌었습니다. 정유사들은 원유를 정제해 휘발유를 만드는데, 정제할 때 드는 비용도 건지지 못하는 셈입니다.

중동산 원유를 대표하는 두바이 원유의 2001년 7월 평균 가격은 배럴당 23.44달러였으나 휘발유의 싱가포르 현물시장 가격은 배럴당 22.51달러에 불과했습니다.

이처럼 휘발유 값이 떨어진 것은 세계 최대 소비처인 미국의 휘발유 소비가 줄면서 재고가 쌓였기 때문입니다. 이 때문에 주로 미국으로 흘러갔던 중국산 휘발유가 싱가포르 현물시장으로 대량 쏟아져 나와 휘발유 값이 폭락한 것입니다.

휘발유 같은 석유 제품은 조금이라도 모자라면 공장이나 발전소 등을 가동할 수 없기 때문에 값이 가파르게 오르고, 적정한 재고 수준 이상이 되면 저장할 공간이 없는 문제 때문에 값이 뚝 떨어지는 특성이 있답니다.

국제 유가가 떨어지자 원유를 수출하는 나라들 모임인 석유수출국기구(OPEC)는 추가 하락을 막기 위해 2001년 9월 1일부터 생산량을 하루 100만 배럴씩 줄인다고 결정했습니다. 하지만 이러한 생산 감축도 경기 침체에 따른 소비 둔화를 커버할 수 없어 유가는 오르지 않을 것이라는 전망이 지배적입니다.

그러면 국내 유가는 어떻게 결정될까요? 기본적으로는 국제 유가와 오르내림을 같이하지만 환율이란 변수 때문에 세부적으로는 약간 달라집니다. 국내

정유업체들은 외국에서 원유를 사온 뒤 이를 정제해 휘발유 등을 만들어 파는데, 사올 때는 달러를 주고 국내에서 팔 때는 우리 돈을 받으니 환율에 따른 문제가 생기는 것입니다.

특히 정유회사들은 산유국에서 원유를 살 때 곧바로 값을 치르지 않고 보통 도입한 뒤 2~3개월 후에 결제하고 있습니다. 따라서 원유 도입 때와 값을 치를 때의 환율이 다르기 때문에 이로 인한 손해(환차손)나 이익(환차익)도 발생합니다.

이 손익도 국내 유가에 반영됩니다. 정유사들은 매달 말 또는 새 달 초 다음 한 달 동안의 기름 값을 결정해 발표를 하는데 환율 급변에 따른 충격을 완화하기 위해 환차익이나 환차손 발생분을 대략 3개월에 걸쳐 나눠 국내 유가에 반영하고 있습니다.

✳ 오일 쇼크

산유국들이 원유 공급을 급격히 줄여 국제적으로 원유 및 석유 제품 가격이 급등하는 현상으로 물가가 치솟는 등 경제에 많은 부작용을 초래합니다. 우리나라는 1973년과 1979년에 1·2차 오일 쇼크를 경험했습니다. 현재는 원유 생산 지역이 다양해지면서 중동 원유에 대한 의존도가 낮아져 예전 같은 석유 파동이 일어날 가능성은 낮다고 전문가들은 지적하고 있습니다.

쓰려는 양은 많은데 생산량이 모자라

국제 석유 가격이 올라서 걱정이라는 얘기를 자주 듣곤 하죠.

석유는 자동차를 움직이고 공장·발전소를 돌릴 뿐만 아니라 섬유·플라스틱·화학 제품을 만드는 데 팔방미인으로 쓰이는 매우 중요한 자원입니다.

이런 석유 값이 오르면 당장 자동차에 넣는 가솔린(휘발유)이나 경유가 비싸지고, 다른 물건 값도 올라가게 되죠. 그렇게 되면 가정 경제는 물론이고, 나라 경제에도 나쁜 영향을 미치게 됩니다.

특히 석유 값이 한꺼번에 너무 많이 오르면 우리 경제에 스태그플레이션 현상을 가져올 것이란 걱정도 나옵니다.

일반적으로 경기가 나빠지면 실업자가 많이 생겨 물건을 사려는 사람이 줄게 됩니다. 팔리지 않는 물건이 쌓이면 값이 떨어지고, 값이 싸지면 물건을 사려는 사람이 차츰 늘어남으로써 경기가 다시 좋아지게 되죠. 하지만 경기가 나쁜 상황에서 석유 값이 오를 경우엔 물가가 계속 올라갈 수밖에 없고, 물가가 비싸지니까 물건을 사려는 사람이 더욱 줄기 때문에 경기는 더 나빠지게 된답니다. 이런 현상을 스태그플레이션이라고 합니다.

국제 석유 가격은 워낙 변덕이 심해 철저히 대비해야 합니다.

우리나라는 석유가 한 방울도 나지 않아 중동의 사우디아라비아·이란·아랍에미리트연합·쿠웨이트 등에서 대부분 수입하고 있습니다.

우리나라는 2000년에 8억 9400배럴의 원유를 사오는 데 252억 달러를 썼답니다. 그해 총 수입액(1605억 달러)의 15%를 차지했죠.

특히 2000년 배럴당 수입 가격이 1999년(16.9달러)보다 67% 오른 28.2달러나 돼 돈이 많이 들었습니다.

그해 우리나라는 121억 달러의 무역수지 흑자를 냈는데, 만약 원유 값이 1999년 수준에서 오르지 않았다면 흑자 규모가 220억 달러를 넘었을 겁니다.

원유 값이 오르면서 그해 국내 물가도 많이 뛰었습니다.

석유 값이 10% 오르면 국내 제조업체의 생산비가 0.36% 오른다고 합니다. 이로 인해 2000년 석유 값 상승으로 국내 물가는 적어도 2%포인트 이상 뛴 것으로 추정됩니다.

2001년의 경우는 다행히 배럴당 수입 가격이 22.8달러로 떨어져 국내 물가 안정에 큰 도움을 줬답니다.

그럼 석유 값은 왜 이처럼 오르내리는 걸까요. 쓰려는 양은 많은데 생산량이 충분치 않은 게 가장 근본적인 이유입니다.

석유는 현대 생활의 필수품이라 필요량보다 공급량이 조금만 모자라도 가격이 크게 오르는 특징을 갖고 있지요. 비싸다고 다른 제품을 대신 쓰기 어렵기 때문입니다.

특히 석유 생산국들이 1960년에 만든 석유수출국기구(OPEC)는 원유 가격에 큰 영향을 미쳐요. 우리가 석유를 수입해오는 중동 국가들이 대부분 가입해 있는 이 단체는 전세계 석유 생산량의 40%를 차지하기 때문에 이 단체에서 생산량을 줄이거나 늘림에 따라 가격이 출렁거리죠.

2001년엔 이 단체가 하루 생산량을 150만 배럴 줄이기로 약속하는 바람에 원유 가격이 많이 오른 적도 있답니다.

이 단체의 활동과는 관계 없이 중동에서 전쟁이 일어날 위기가 높아져도 석유 가격은 들먹거리게 마련입니다.

일단 전쟁이 일어나면 석유 생산이 안 되고 운반하는 것도 어려워지기 때문에 값이 엄청나게 뛰죠. 1970~80년대엔 이 지역에서 전쟁이 일어나거나 혁명이 일어나 수년간 석유 값이 배럴당 30~40달러까지 오른 적도 있습니다.

이렇게 석유 값은 변덕이 심하기 때문에 우리나라는 석유 값을 안정시키기 위해 여러 가지 노력을 하고 있답니다.

하나는 중동 지역 이외에 동남아 · 남아메리카 · 아프리카 등 다른 나라에서 들여오는 석유량을 늘려가고 있답니다. 1980년만 해도 국내 석유 필요량의 98.9%를 중동에서 들여왔는데, 2001년에는 이를 77% 수준으로 낮췄답니다. 중동 지역에서 전쟁이 일어나 석유를 수입하기 어려울 경우 다른 지역에서 들여오는 양을 늘리기 위한 것이죠.

두번째는 자체 유전을 개발하는 사업을 해오고 있습니다.

1970년부터 국내 대륙붕에서 석유를 찾는 작업을 해온 끝에 1998년에 석유는 아니지만 대규모 가스층을 찾아내는 성과를 거뒀답니다. 지금 이 가스를 캐서 쓰는 작업이 한창 진행 중이어서 2004년에는 우리나라에서 생산한 가스를 쓸 수 있게 돼 가스 수입량을 그만큼 줄일 수 있을 것으로 보입니다.

또 국내뿐만 아니라 해외 유전 발굴 사업에도 직접 참여해 4.2억 배럴의 석유가 묻혀 있는 베트남 유전 등을 찾아냄으로써 안정적으로 석유를 들여올 수 있는 길을 개척하고 있습니다.

세번째는 석유 비축 시설을 계속 늘려가는 것입니다.

전쟁 등으로 갑자기 석유 도입량이 줄어들 것에 대비해 석유를 저장해놓는 시설을 여러 곳에 건설해오고 있죠. 석유 값이 갑자기 많이 오를 경우엔 비축

했던 물량을 풀어 석유 값이 더 이상 오르는 것을 막기 위한 거죠. 2001년 말 기준으로 우리나라는 67일 동안 사용할 수 있는 석유를 비축하고 있습니다.

네번째는 석유 대신 쓸 수 있는 다른 에너지원을 개발하는 것입니다.

예를 들어 바람의 힘으로 전기를 생산하는 풍력 발전기, 태양열을 이용해 전기를 생산하는 태양전지 등이 있죠. 하지만 아직은 석유를 대신해 쓸 만큼 많은 에너지를 생산하지 못해 한계가 있답니다.

끝으로 모든 물건을 아껴 쓰는 것도 한 방법이죠.

이미 얘기했듯이 우리가 쓰는 물건은 모두 석유를 써서 생산한 것들입니다. 물건을 아껴 쓰면 그만큼 석유 수입을 줄일 수 있게 됩니다.

'단골 만들기' 마케팅 기법이에요

동네 피자집에서 피자를 시켜 먹고 쿠폰을 모아본 적이 있지요. 쿠폰을 많이 모으면 나중에 모은 만큼 피자를 공짜로 먹을 수 있어요.

피자집뿐만 아니라 슈퍼마켓·중국집·만화 대여점까지 단골에게는 이렇게 쿠폰이나 스티커·점수를 나눠준 뒤 이것이 쌓이면 공짜로 선물을 주는 서비스를 많이 해요.

그런가 하면 신용카드회사들도 카드를 이용한 금액에 따라 점수를 쌓아주고, 정유회사들도 자기 회사 기름을 넣으면 점수를 모아 나중에 현금처럼 쓸 수 있도록 해줍니다.

이는 단골 손님에게 이익의 일부를 돌려줌으로써 손님들이 계속 자기네 가게를 찾게 하려는 판촉 방법이지요.

이런 서비스를 마일리지 서비스(Mileage service)라고 부릅니다.

마일리지란 원래 항공사가 승객이 여행한 거리를 마일(mile)로 계산해 승객 이름으로 저축한 뒤 마일이 많이 쌓이면 나중에 공짜 항공표로 멀리까지 여행할 수 있도록 해주는 제도예요.

항공사들은 이런 서비스를 전문적인 용어로 단골 승객 프로그램(frequent-flyer programs)이라고 부릅니다. 약자로 FFPs라고 하죠. '우리 비행기를 많이 타면 그만큼 이익을 돌려줄 테니 비행기를 탈 일이 있으면 이용해달라'는 뜻이죠.

이 서비스는 1981년 미국 항공사인 아메리칸 에어라인이 처음 도입했어요.

당시 슈퍼마켓에서 단골 손님이 물건을 살 때마다 수첩에 도장을 찍어주고, 그 도장 수에 따라 선물을 나눠주는 것을 보고 아이디어를 얻었다고 합니다.

이렇게 보면 단골 손님의 실적을 관리하기 시작한 것은 슈퍼마켓과 같은 일반 소매점이 먼저였던 것 같아요. 그런데 이런 서비스를 왜 마일리지라는 말로 부를까요. 그것은 대기업이 고객의 실적을 적립하면서 단골 손님을 체계적으로 관리하는 제도를 처음 정착한 것이 바로 항공사의 마일리지 제도였기 때문이에요.

델타 항공·TWA 등 미국의 다른 항공사들도 뒤이어 모두 이 제도를 도입했죠. 한국에선 대한항공이 1984년에 도입했고, 이젠 세계의 거의 모든 항공사가 이를 사용하고 있어요.

이 시기에 서비스가 시작된 데는 또 다른 이유가 있어요. 미국에선 정부가 비행기표 가격은 얼마 이하로 내리지 말라는 식으로 제한을 두었는데 이런 규제를 1978년에 모두 풀었답니다.

그러자 항공사들은 저마다 손님을 더 모으기 위해 가격·서비스 등 모든 면에서 경쟁을 벌이기 시작했어요. FFPs는 바로 이런 서비스 경쟁 속에서 탄생했습니다.

또 80년대 초반 컴퓨터가 보급돼 수많은 승객을 컴퓨터에 입력해 간편하게 관리할 수 있던 점도 이 서비스를 가능하게 한 요인으로 작용했습니다.

말하자면 승객마다 고유 번호를 주고 이에 따라 컴퓨터가 알아서 마일리지를 관리하므로 항공사로선 별도의 추가 인력을 들이지 않고도 시행이 가능했던 것이죠.

게다가 이름과 여행을 자주 다니는 곳 등 고객에 대한 정보를 많이 모을 수

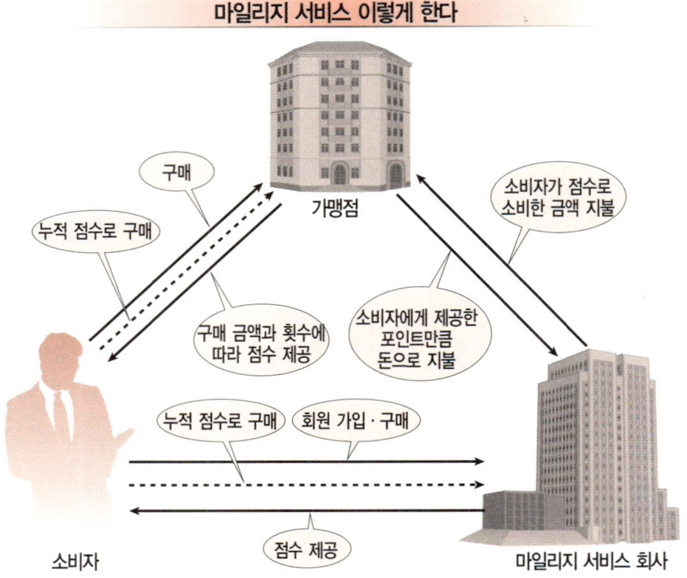

있으니 다른 판촉에도 도움이 됐지요.

여행 상품 안내나 회사 소식, 상품 소개서 등을 고객의 집으로 보내 알릴 수 있었지요. 요즘 대기업들이 '보너스 카드'라는 이름으로 이런 마일리지 제도를 도입해 광고하면서 판촉에 활용하는 것도 비슷한 경우랍니다.

항공사 마일리지는 소비자 입장에선 비행기를 타면 탈수록 점수가 쌓여 이 점수로 공짜 비행기표를 얻을 수 있어 이익이지요.

예를 들어볼까요. 우리나라의 경우 마일리지가 1만 마일이면 평상시에 국내선 왕복 항공권을 요구만 하면 무료로 얻을 수 있어요. 미국에 한 번 다녀오면 보통 1만 마일이 조금 넘으니까 국내선 왕복권만큼을 버는 셈이지요. 외국 출장을 많이 하는 사람이라면 마일리지를 쌓아놓고 나중에 세계 일주도 공짜로 할 수 있어요.

언뜻 생각하면 항공사들이 손해일 것 같죠. 그런데도 마일리지 제도가 확산하는 것은 기업 입장에선 그만큼 경제적인 효과가 있기 때문이에요.

먼저 단골 효과가 있어요. 소비자를 단골로 잡는다는 것은 아주 어려워요. 소비자는 조금이라도 싼 곳을 찾아다니는 속성이 있기 때문이죠. 기업 입장에선 가격 낮추기로 손님을 모을 수도 있지만 이런 손님은 옆집이 조금이라도 싸면 금방 그리로 옮겨요. 결국 안정적인 장사를 하기 어렵죠.

그렇지만 다른 항공사가 약간 싼 가격에 비행기표를 팔더라도 이를 마다하고 찾아오는 고객이 있다면 사업은 훨씬 안정적이겠죠. 소비자 입장에선 마일을 축적하는 것이 몇천 원 아끼는 것보다 훨씬 도움이 된다는 것을 알기 때문에 자신이 회원으로 가입한 항공사를 찾는 것이죠.

비행기 좌석은 지금 안 팔리면 두었다 다음에 팔 수 있는 상품이 아니에요. 좌석이 꽉 차든 일부가 비든 간에 비행기는 떠나야 하고, 일단 운항하면 연료비 등 기본 경비가 들어가죠. 항공사는 단골 손님에게 이런 빈 좌석으로 인심 쓰는 셈이나 마찬가지예요.

항공사 마일리지 제도만큼 가격을 깎아주는 식의 직접적인 판촉이 아니면서도 고객을 계속 늘려나가고 있는 판촉 기법도 드물어요. 이 제도는 비행기 여행을 동경하는 사람의 기대심리를 최대한 활용했기 때문에 성공했다고 합니다.

싸게 해도 많이 팔면 더 이익이죠

경기도 성남시 분당에 사는 선영이 엄마는 일주일에 한 번 정도는 시내 백화점을 찾습니다. 그러나 정작 집으로 돌아올 때 손에 들려 있는 쇼핑백엔 가족들을 위한 먹거리 정도밖에 없습니다.

그런데 이런 선영이 엄마도 백화점 세일 때에는 두툼한 쇼핑백에 아빠 양복, 선영이 티셔츠와 자신의 블라우스 등 한 보따리를 사가지고 옵니다.

백화점은 사람들의 왕래가 많은 곳에 큰 상점을 만들어놓고 수만 가지 상품을 모아 파는 곳입니다.

고급스런 실내 장식과 친절한 서비스, 다양한 상품 때문에 많은 사람이 찾아가 쇼핑을 하고 여러 가지 재미있는 행사도 즐기다 갑니다.

하지만 마음에 드는 상품은 가격이 비싸서 평상시에는 망설이게 되죠. 졸업·입학식이나 여름 휴가, 추석·설날 등 특별한 때가 아니면 지갑을 열기가 쉽지 않습니다.

그래서 백화점은 이런 손님들을 끌기 위해 보통 때보다 10~40% 싸게 팔고 다양한 볼거리와 이벤트를 제공합니다.

이것을 통상 세일이라고 부릅니다. 손님들은 평소 눈여겨보았던 상품을 싸게 살 수 있어 많은 사람들이 백화점에 몰리지요.

백화점은 보통 세일을 계절별로 한 번씩 하고, 연말이나 명절에 맞춰 하고 있습니다. 그래서 한 해에 줄잡아 80일 정도 세일을 합니다.

'세일'은 물건을 싸게 판다는 뜻인 '바겐세일'의 준말로 우리나라에선 통상

바겐세일을 줄여 세일이라고 합니다.

그런데 왜 백화점들은 자꾸 세일을 하려고 할까요. 언뜻 생각해도 싸게 팔면 손해일 것 같은데 말입니다.

기업은 상품을 판매할 때 원가에 이익을 붙여 팝니다. 상품을 판 금액에서 원가를 빼고 남은 금

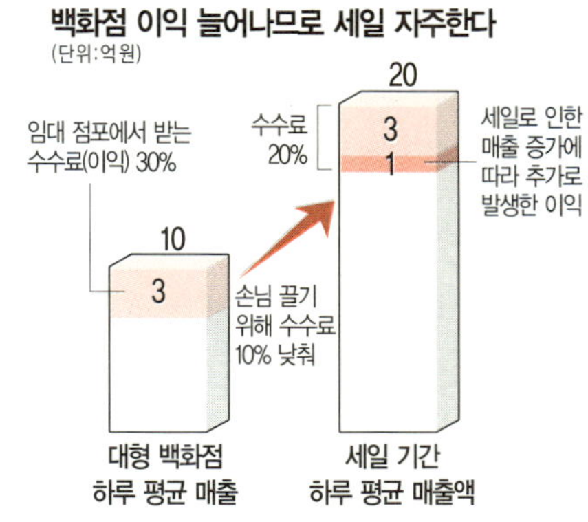

액(이익)으로 기업은 직원들에게 임금도 지급하고 미래를 위한 투자도 하게 되지요. 따라서 이익이 많을수록 기업에게는 좋은 것입니다.

예를 들어 원가가 7000원인 티셔츠를 1만 원에 팔면 티셔츠 한 벌에 3000원의 이익을 남깁니다.

그러나 세일 때 많이 팔기 위해 1만 원에 판매하던 것을 20% 싼 8000원에 팔면 1000원으로 이익이 줄게 됩니다.

언뜻 생각하면, 세일을 하면 이익이 줄어 정상 가격으로 판매할 때보다 손해를 보는 것 같습니다. 상품 하나하나만 놓고 보면 그렇습니다.

하지만 세일을 하면 손님이 2~3배 이상 몰려 매출이 배 이상 늘어나므로 전체 이익은 정상적인 판매 때보다 오히려 많아지게 됩니다.

청바지 하나를 정상 가격으로 판매할 때 5000원의 이익이 남는다고 합시다. 하루 100명에게 판매하면 50만 원의 이익이 생깁니다.

그러나 40% 세일을 하게 되면 이익은 3000원으로 줄지만 손님이 늘어 하루

300명에게 판매하면 90만 원의 이익이 생깁니다. 즉 세일 결과 이익이 하루에 40만 원이나 더 늘게 되는 것이지요.

바로 이런 이유 때문에 백화점들이 세일을 하는 것입니다.

물론 백화점도 제조업체에서 납품받은 원가 아래로는 팔기 어렵지요. 백화점 세일 기간에는 제조업체들도 물건을 많이 팔면 좋으므로 백화점에 평소보다 낮은 가격으로 물건을 대줍니다.

백화점은 상품 하나하나의 이익은 적게 보더라도 상품을 많이 팔아 평소보다 더 많은 이익을 볼 수 있습니다.

이른바 '박리다매(薄利多賣)' 라는 판매 방식이죠. 결국 손님들도 싸게 살 수 있고, 백화점도 많이 팔아 이익을 보는 '누이 좋고 매부 좋은' 격이죠. 실제로 세일을 시작하면 세일을 하지 않던 기간보다 판매액이 100% 이상 늘어납니다.

롯데백화점 본점의 경우 2000년 여름 세일 동안 하루 평균 60억 원을 팔았습니다. 세일을 하지 않던 때의 하루 평균 30억 원에 비하면 배나 많은 셈이죠.

실제로 17일간 여름 정기 세일을 했던 신세계백화점 신사복 매장의 경우를 살펴봅시다.

신사복 매장의 경우 세일을 하지 않을 때는 하루 4600만 원어치를 팔았는데 30% 할인한 세일 기간 동안에는 하루 평균 1억 2000만 원을 팔았습니다.

세일 전에는 백화점이 신사복 매장에서 상품 하나가 팔릴 때마다 받는 수수료(이익)가 30%였는데 세일 때는 수수료를 5% 낮춘 25%만 받았습니다.

수수료율은 낮췄지만 매출이 두 배 가까이 올라 하루 이익이 3000만 원(1억 2000만×0.25)으로 세일 전 1380만 원(4600만×0.3)보다 배 이상 많았습니다.

1997년까지는 공정거래위원회라는 정부기관에서 세일 기간을 1년에 60일이내로 제한했었습니다.

지금은 백화점들끼리 자율적으로 합의해 기간을 정합니다. 그전에는 왜 세일을 제한했을까요.

세일을 자주 하다 보면 '정상 가격' 이 얼마인지 헷갈리게 됩니다. 즉 세일 때 할인해 파는 가격이 정상 가격처럼 느껴지게 되죠. 정상 가격을 주고 사면 왠지 손해 보는 것 같은 느낌 말입니다.

이 때문에 미국 · 일본은 일 년에 두 번, 15~20일 정도만 세일을 하고 있습니다.

우리나라도 앞으로는 세일 기간이 줄어들 전망입니다.

할인점들이 계속 생겨나면서 백화점들이 가격 경쟁에서 밀리게 되자 '싼 가격' 보다는 '좋은 제품, 쾌적한 매장, 친절한 고객 응대' 등 서비스에 치중해 손님을 확보하겠다는 식으로 전략을 바꾸고 있기 때문입니다.

신용·담보 없어도 돈 꿀 수 있어요

우량 대기업들과 달리 평범한 중소업체들은 예나 지금이나 돈 구하기가 어렵지요. 그래서 정부가 운영하는 신용보증기금이나 기술신용보증기금 같은 보증 전문기관에서는 한 해에 총 수십조 원씩 작은 업체들에게 보증을 서기도 합니다

이처럼 우리 경제 생활에 여러 가지로 도움을 주는 보증은 돈을 빌려준 은행에서 행여 나중에 떼일까 염려해 요구하게 됐어요.

신용보증기금에 따르면 우리나라에서의 한 해 보증 규모는 무려 400조 원에 이른답니다.

보증이라고 하면 당장 어두운 기억을 떠올리는 사람들도 있을 거예요.

1997년 말 외환 위기가 터진 뒤 망하는 기업이 속출하고 실직자가 200만 명에 육박하면서 봉급 생활자든 기업체든 돈줄이 막혀 야단이었지요.

더구나 친지·친구·직장 동료가 돈을 꾸는 데 연대 보증을 섰다가 그들의 돈을 대신 갚게 돼 집을 잃고 거리에 나앉은 사람도 있었어요. 파산은 기업에나 쓰는 말인 줄 알았는데 '개인 파산' 이란 말도 유행했지요.

농촌에선 한 마을에서 몇 집이 연대 보증을 피해 밤에 도망하는 일까지 있었습니다. 보증 제도에 대한 원성도 높아졌지요. 어떤 학자는 조선시대 반역자의 가족·후손까지 못 살게 굴었던 연좌제에 비유해 '경제적 연좌제' 라면서 보증 제도를 없애라고 목청을 높였지요.

하지만 보증은 우리 경제 생활의 여러 제도와 관행이 그렇듯 나름대로 탄

생·존속할 만한 이유가 있답니다. 보증을 서는 관행은 이미 기원전 17세기 바빌로니아에서 시작됐고, 우리나라도 조선시대의 보증 관행이 역사책에 기록돼 있어요. 다만 건국 이래 최대의 국난이라는 외환 위기를 맞아 보증 제도의 부정적인 면이 한꺼번에 드러났던 것이지요.

✳ 보증은 왜 필요한가

은행 입장에선 꾼 돈을 제때 갚을 만한 사람에게 신용이 있다고 합니다. 재산이 넉넉하고 직장이 확실하다고 판단하면 다른 것 더 따지지 않고 '신용 대출'을 해줍니다. 신용이 좋지 않으면 집·땅 같은 부동산이나 귀중품 또는 주식·채권 같은 유가증권을 맡기고 '담보 대출'을 받아야 합니다.

그러나 신용도, 담보도 없는 사람이 급한 돈 쓸 때 기대는 게 바로 '보증 대출'입니다. 다른 사람을 담보로 돈을 꾼다는 점에서 보증은 '인적 담보'라고도 할 수 있어요.

보증 대출은 봉급 생활자 같은 개인뿐만 아니라 기업들도 받습니다. 기업체가 친분 있는 기업이나 사람을 보증 세우고 돈을 꾸는 것이지요.

보증은 돈을 꾸는 데만 필요한 게 아니에요. 가령 자동차를 할부(금융)로 사거나 휴

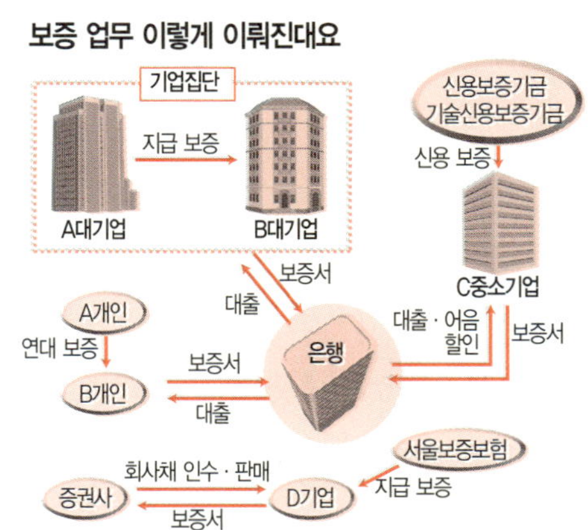

대전화에 가입할 때도 회사 측은 혹시 할부금이나 요금을 내지 못할까봐 보증을 세우라고 요구합니다. 이 경우 보증전문회사가 일정 금액을 받고 대신 보증을 서주기도 합니다.

회사에 취직할 때도 그전에는 재산이 많거나 신분이 확실한 친구와 친지가 보증을 섰지만 이제는 전문회사가 대신 재정 보증을 섭니다.

건설회사가 공사할 때 계약을 지키지 못하거나 하자가 생길 때 피해 금액을 대신 물어주는 것도 보증의 기능이지요.

이처럼 보증은 우리가 경제 생활을 원활히 하는 데 중요한 역할을 합니다. 신용을 갖추려면 시간이 걸리고 또 부득이 신용을 지키지 못할 경우가 생기기 때문이지요.

✳ 보증전문회사도 있어

보증이 점점 중요해지면서 이를 전문적으로 해주는 회사들이 생겼습니다. 우리나라의 대표적인 보증전문회사는 서울보증보험 · 신용보증기금 · 기술신용보증기금을 꼽을 수 있지요. 지역신용보증조합(지방 특화산업)과 전문건설공제조합(전문 건설업) · 주택보증공사(주택 건설)도 있어요.

서울보증보험은 아까 예로 든 자동차 할부 금융 보증이나 취업 보증 이외에도 회사채에 대한 지급 보증을 해주지만 요즘엔 그리 활발하지 않습니다.

신용보증기금은 중소 · 벤처 기업이 은행에 가서 돈을 꾸거나 어음을 할인할 수 있도록 보증을 서는 일을 주로 합니다. 이렇게 보증한 금액이 기술신용보증기금까지 합해 지난해 모두 수십조 원이나 됐습니다.

보증이 급한 돈을 구하는 데 필요한 수단이긴 하지만 여기에 너무 의존하면 곤란합니다. '잘 쓰면 약, 못 쓰면 독' 이라는 금언이 딱 들어맞는 경우지요.

안면 때문에 어쩔 수 없이 해준 연대 보증 때문에 집과 월급을 차압당하는 경우도 있어요.

기업도 마찬가지예요. 과거 재벌의 계열사들이 서로 상대방이 지는 빚에 보증을 서는 상호 지급 보증이 문제가 됐답니다. 그룹 안에서 그래도 여유 있는 회사가 형편이 어려운 회사의 은행 대출이나 회사채 발행을 도우려고 보증을 서는 일이 많았는데 외환 위기 이후 그룹 전체가 함께 부실화하는 원인이 되기도 했지요.

정부는 그래서 보증의 남발을 막기 위한 장치를 만들고 있어요. 30대 재벌(대규모 기업집단)의 상호 지급 보증을 규제하고 있고, 개인의 부문별한 보증을 막기 위해 보증총액한도제라는 것을 만들어 한 사람이 보증을 설 수 있는 한도를 정하기로 했지요.

또 은행들이 돈을 꾸려는 기업의 살림 구조나 장사 전망 등을 꼼꼼히 따지지 않고 신용보증기관의 보증서만 믿고 돈을 꿔주는 것을 막기 위해 기업이 돈을 갚지 못할 때 은행과 보증기관이 나눠서 책임을 지는 부분보증제도를 1999년부터 시행하고 있어요.

서비스 초기라 원가 높은 탓이죠

"아니, 이번 달에 이동전화 요금 나온 것 좀 보게나. 좀 줄여야겠어. 다들 집 안에 있을 땐 되도록이면 이동전화는 사용하지 마."

아빠가 이동전화회사에서 온 요금 통지서를 보고 이렇게 말하는 걸 간혹 들은 적이 있죠? 그런데 이동전화 요금 때문에 고민하는 곳은 한두 집이 아닌가 봐요.

KT 경영연구소라는 곳에서 전국 1000여 가구 3500명을 대상으로 통신비를 조사했어요. 이곳 조사에 따르면 2000년 6월 한 집에서 쓰는 통신 비용이 월 평균 8만 5400원으로 1년 전보다 약 2만 원(30%)이 늘었대요. 이렇게 늘어난 가장 큰 이유는 이동전화를 자주 썼기 때문이라는군요. 전체 통신 비중에서 이동전화료만 5만 6700원(64%)이나 됐어요. 집에서 쓰는 통신비에는 시내·시외·국제 전화 요금에다 PC통신 이용료·초고속 인터넷 이용료까지 다 들어 있는 건데 이동전화료 하나가 너무 많다는 생각이 들지 않으세요?

이동전화 요금이 많이 나온 이유는 자주 사용한 탓도 있지만 유선전화보다 요금이 비싸기 때문이에요. 유선전화는 말 그대로 전화선을 통해 전화를 거는 일반 전화고, 이동전화는 전화선 없이 거는 휴대전화 같은 것을 말합니다.

집에 있는 유선전화(KT나 데이콤)와 이동전화(SK텔레콤이나 KTF) 요금 고지서를 한번 비교해보세요. 쉽게 이해할 수 있을 거예요.

먼저 양쪽은 기본료(혹은 기본 사용료)부터 틀려요. 기본료라는 것은 서비스의 유지 관리를 위해 전화를 걸지 않더라도 꼭 내야 하는 돈이에요. 2003년 초의 경우 유선전화는 기본료가 한 달에 5200원이지만 이동전화는 1만 4000원 정도를 내야 해요. 이동전화의 기본료(표준 요금 기준)가 유선전화보다 다섯 배 이상 비싸죠.

또 통화 요금도 큰 차이가 있어요. 시내 전화 요금을 놓고 한번 비교해볼까요.

유선전화를 이용해 시내 통화를 할 때 요금은 3분(180초)에 39원(KT의 경우)이에요. 그럼 이동전화 요금은 얼마일까요? SK텔레콤(011)은 10초당 20원이고, KTF(016)·LG텔레콤(019)은 10초에 18~19원이에요.

알기 쉽게 3분(180초)으로 환산해볼까요. 이동전화 요금을 10초당 평균 20원으로 잡아서 3분이면 360원(20원×18)이 나옵니다. 시내 전화 요금 45원보다 8배나 많군요.

아, 이런 의문이 생길 것 같군요. 이동전화는 서울에 사는 사람이 서울 시내에 거나, 제주에 거나 요금이 똑같잖아요. 그런데 유선전화를 사용하면 비싼 시외 전화 요금을 내야 되지 않느냐고요.

결론부터 이야기하면 시외 전화료를 놓고 비교해도 이동 전화 요금이 더 비싸요. 우리나라 시외 전화 요금은 거리에 따라 3개 지역으로 나누어서 매겨요. 가까운 지역(30km 이내)을 1대역, 조금 먼 지역(31~100km까지)을 2대역, 아주 먼 지역(101km 이상)을 3대역으로 나눕니다. 서울에서 볼 때 과천쯤이면 1대역이 되고, 천안시는 2대역, 부산은 3대역이 되겠죠. 대역마다 요금이 다른데 1대역에 통화할 때는 시내 통화와 똑같은 3분당 45원이 적용됩니다. 2대역은 30초마다 32원, 3대역은 30초마다 42원이에요. 역시 10초에 20원 정도 하는 이동전화 요금이 비싼 것을 알 수 있겠죠.

그러면 이동전화회사들은 무슨 배짱으로 이렇게 요금을 많이 받는 걸까요.

이를 위해서는 전화회사들이 어떻게 전화 통화를 할 수 있게 하는지를 먼저 알아야 해요. 전화회사들은 서비스를 위해 먼저 투자(돈을 쓰는 것)를 합니다. 유선전화회사는 전국 방방곡곡 전화선을 깔아야 하고, 이동전화회사는 전화선이 없는 대신 눈에 보이지 않는 전파와 전파를 연결해주는 기지국을 세워야 해요. 기지국이란 TV나 사진에서 많이 본 커다란 안테나가 있는 건물을 상상하면 됩니다.

또 필요한 기계를 들여와야 하고, 이를 관리할 사람들도 필요해요. 그러다 보니 기계 구입비, 관리하는 사람들에게 주는 월급, 전화국·기지국을 유지·보수하는 돈이 듭니다. 또 가입자를 늘리기 위해 광고도 해야 되겠죠. 이렇게 쓰는 돈을 모두 합쳐서 원가라고 해요. 전화회사들은 이런 원가에다가 이익을 붙여서 요금을 정하는 겁니다.

이동전화료가 비싼 이유는 유선전화보다 원가가 더 들기 때문입니다. 유선전화도 과거에는 원가가 높았어요.

하지만 오랫동안 유선전화 서비스를 해오다 보니 돈을 많이 벌어서 그동안 썼던 돈을 대부분 되찾았습니다. 더 살 기계도 그리 많지 않고요. 이제 과거처럼 돈을 크게 쓸 데가 없으니 이제 요금을 조금만 받아도 장사가 되는 거예요.

하지만 이동전화 서비스는 시작한 지가 얼마 안 됐어요. SK텔레콤이 1984년부터, KTF 등 PCS 3개사는 1997년부터 서비스를 시작했어요. 우리나라 유선전화 서비스 역사가 100년도 더 된 것과 비교하면 정말 걸음마 단계죠. 그러다 보니 투자한 돈을 제대로 찾지 못했고, 아직도 기계를 더 사고 기지국을 더 지어야 해요. 그래서 요금을 못 내리는 겁니다.

하지만 그렇다고 해도 유선전화 요금보다 6~8배나 비싼 건 혹시 자기들 마음대로 요금을 정해서 그런 것이 아닐까요?

그 점은 너무 걱정하지 않아도 될 것 같군요.

이동전화회사들은 자기 마음대로 요금을 정하지 못해요. 가장 큰 이동전화 서비스 회사인 SK텔레콤은 요금을 정할 때 정부로부터 허가를 받아야 해요. 정부는 국민들을 위해 일일이 원가를 따진 뒤 회사에 적당한 이익을 보장할 수 있는 요금만 허락하고 있어요. 물론 SK텔레콤을 제외한 KTF 등 PCS 3개사는 마음대로 요금을 정할 수 있어요. 하지만 그렇게 하지 못합니다. 자기 회사보다 여러 가지 면에서 앞서 있는 SK텔레콤보다 요금을 많이 받았다간 가입자들이 외면할 게 뻔하니까요.

그래도 우리나라 이동전화 요금이 비싸다는 얘기는 계속 나옵니다. 정부에서 현재 이동전화 요금을 잘 검토해서 내년쯤엔 가입자에게 이득이 되는 방향으로 고친다고 하니 한번 기대해보죠.

불공평한 보험료 산정 가장 큰 문제죠

사람들이 가장 많은 돈을 쓰는 분야가 어디일까요. 바로 질병의 예방과 치료 등 보건이지요.

미국의 경우 국민총생산의 16%를 의료비로 지출해 국방비와 교육비를 합친 것보다 많다고 할 정도입니다. 건강을 위해선 돈을 아끼지 않는다는 것이지요.

✱ 왜 건강보험이 필요한가

흥미로운 사실이 있습니다. 부유한 사람일수록 건강하다는 것이죠. 2001년 한국보건사회연구원의 조사에 따르면 월소득 50만 원 이하의 가난한 사람은 300만 원 이상의 부유한 사람보다 관절염이 14배나 잘 걸리는 것으로 나타났습니다. 대부분의 병이 마찬가지지요.

그러나 건강은 생명과 직결된다는 점에서 부자가 좋은 차를 타고, 가난한 사람은 걸어다니게 내버려두지는 않습니다.

다시 말해, 의료에 있어서만은 자유보다 평등을 강조하는 것이죠. 그래서 등장한 것이 바로 건강보험(의료보험은 옛날 말입니다)입니다. 건강보험은 보험 회사에 맡기지 않고 국가에서 직접 관리하며, 누구나 강제로 가입해야 합니다. 매달 자신의 소득에서 일정 부분을 보험료로 내야 합니다. 부자는 많이 내고 가난한 사람은 적게 내지요. 물론 아프지 않아도 돌려받을 수 없습니다.

그러나 갑자기 아플 경우 큰 도움을 받습니다. 입원 환자의 경우 치료비의

80%, 외래의 경우 50%를 국가에서 내주기 때문입니다.

✳ 건강보험 운영에 왜 어려움을 겪나

이렇게 좋은 취지로 시작된 건강보험이 최근 삐걱거립니다. 여러 가지 골치 아픈 문제가 생겼기 때문입니다. 우선 보험료를 내는데 형평성이 떨어진다는 것입니다.

봉급 생활자들은 소득이 월급봉투에 그대로 드러나는 반면 자기 사업을 하는 사람들은 소득을 아는 것이 쉽지 않습니다. 가능하면 감추려 하기 때문이죠. 실제 수십억 원의 재산가이면서도 서류상 가난한 사람으로 분류돼 극빈자가 받는 무료 진료를 받다가 발각된 경우도 있습니다.

가벼운 질환에만 보험 혜택이 집중된 것도 문제입니다. 1만 원을 내는 감기 환자는 보험 혜택을 받지만 수천만 원이 들어가는 백혈병 환자에겐 일부분만 보험을 적용하고 있습니다.

또 1인실이나 2인실 등 6인실보다 비싼 고급 병실에 입원할 때, 병원에서 먹는 식사, MRI(자기공명영상촬영)처럼 치료에 필요한 검사엔 보험이 적용되지 않습니다. 이처럼 100명의 감기 환자에겐 유리하지만 1명의 암환자에겐 불리한 제도가 생긴 것은 정치 논리 때문입니다. 선거에서 표를 의식해야 하는 정치인들에겐 1명보다 100명이 소중하니까요. 그러나 어려울 때 돕는다는 보험의 원래 목적을 생각한다면 위중한 병일수록 혜택을 늘려야겠죠.

가장 큰 문제는 건강보험에 쓸 돈이 터무니없이 부족하다는 것입니다. 누구나 돈은 적게 내고 아플 때 혜택은 많이 받으려 하기 때문입니다.

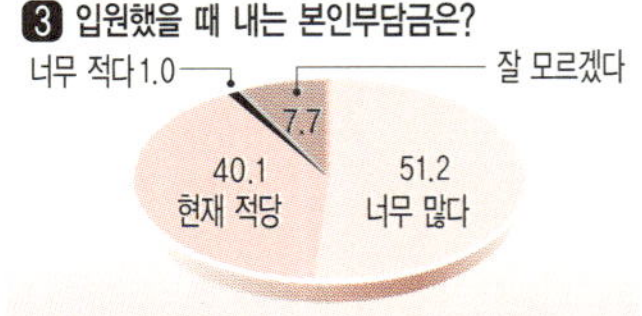

순위	항 목	소요 추정 비용(원)
1	예방 접종	567억
2	초음파	5,636억
3	가정 간호	산출 불가
4	횟수나 기간 제한된 약제나 재료	2,481억
5	65세 이상 노인 틀니	1,319억
6	MRI	871억
7	건강 상담	3,420억
8	불소 도포	464억
9	치아 홈 메우기	474억
10	한약 보험 확대	929억

건강보험공단에 돈이 모자라 2001년 두 차례나 국가에서 세금을 통해 긴급 지원을 했지요. 의사들의 불만도 많습니다. 환자들이 자장면 값을 내고 불고기급 진료를 원한다는 것이지요. 우리 국민들의 건강보험료는 소득의 3% 수준인데 이는 선진국의 5분의 1 수준이란 것입니다.

정부도 고민입니다. 이를 해결하려면 건강보험료를 올려야 하는데 국민들의 반발이 이만저만 아닙니다. 하긴 누구도 자기 호주머니에서 돈이 나가는 것을 좋아할 리 없지요. 하지만 마냥 덮어둘 수만은 없는 문제입니다.

✷ 대책은 없을가

첫째, 불필요한 진료를 줄이는 것입니다. 의사 입장에선 돈을 벌어야 하므로 환자에게 보험이 되지 않는 비싼 검사나 치료를 권유하게 되겠지요.

하루에 치료할 환자를 두세 번 오게 할 수도 있습니다. 이처럼 과잉 진료를 일삼는 의사들을 찾아내 벌을 줘야겠지요.

아예 질병에 따라 가격을 미리 정하는 방법도 있습니다. 포괄수가제라고 하는 것입니다. 예컨대 의사가 어떤 치료 방법을 선택하든 치질엔 무조건 50만 원만 받으라는 식입니다.

둘째, 병이 생기지 않도록 예방에 치중하는 것입니다. 수돗물에 불소를 섞으면 충치를 예방할 수 있지요. 불소를 섞는 데 드는 돈이 1원이라면 충치 치료에 드는 돈은 100원이나 된다고 합니다.

한국인들이 가장 많은 돈을 쓰는 질환은

■ 1999년 1인당 500만 원 이상 진료비 소요된 고액 질환 순위조사-국민건강보험공단

남 성

순위	질 환	환자 수	평균 진료 기간	평균 진료 비용
1	만성 신부전증	7,212명	204일	1,475만 원
2	위암	6,119명	200일	785만 원
3	간암	5,193명	203일	902만 원
4	폐암	4,871명	195일	948만 원
5	심근경색증	2,798명	211일	874만 원

여 성

순위	질 환	환자 수	평균 진료 기간	평균 진료 비용
1	만성 신부전증	5,360명	209일	1,500만 원
2	엉덩 관절 골절	3,946명	169일	812만 원
3	척추 질환	3,017명	181일	903만 원
4	위암	2,896명	205일	783만 원
5	무릎 관절 질환	2,719명	201일	996만 원

셋째, 건강보험과 별도로 민간 보험을 도입하는 것입니다. 부유한 환자가 민간 보험을 통해 비싼 진료를 받을 수 있도록 길을 열어주는 것이죠. 단점은 가난한 환자들이 불만을 가질 수 있다는 것입니다.

그러나 부유한 환자들이 쓴 돈에서 세금을 철저히 거둬 가난한 사람들의 진료비에 보탠다면 어떨까요. 지금도 부자들은 외국의 유명한 병원에서 엄청나게 많은 달러를 쓰고 있습니다. 우리나라 의료 서비스에 불만을 갖기 때문이지요.

마지막으로 환자들이 똑똑해지는 것입니다. 비방에 현혹되지 말고 효과가 불확실한 건강보조식품이나 보약에 많은 돈을 쓰는 일을 삼가야겠지요. 담배를 끊고 골고루 식사를 하며 규칙적으로 운동하는 것이 훨씬 중요합니다.

대학 가는 데 도움 되니 어쩌나요

틴틴 친구들, 과외비가 문제란 얘기를 귀가 아프게 들었죠?

교육인적자원부(교육부)가 조사한 자료에 따르면 2000년 전국 초·중·고등학생들의 총 과외비는 7조 1276억 원으로 1999년보다 5.2%가 늘어났다는군요.

정말 이상하죠?

정부가 과외를 금지하기도 하고, 과외보다 더 좋다는 교육 제도를 많이 내놓는데도 왜 과외비가 줄기는커녕 자꾸 늘기만 하는 걸까요.

한번 경제적으로 찬찬히 살펴봅시다. 우선 과외는 왜 존재할까요. 무엇보다 과외를 원하는 사람들(수요자)이 있기 때문입니다. 그리고 웃돈을 주고라도 과외를 하겠다는 사람들이 많기 때문에 과외비는 올라갑니다.

그럼 학교에서도 공부할 수 있는데 굳이 웃돈까지 주며 과외를 하는 이유는 뭘까요. 과외가 학교에서 하는 공(公)교육보다 질이 높고, 상급 학교에 진학하는 데 유리하다고 믿는 사람들이 많기 때문입니다. 한마디로 경쟁력이 있다는 말이죠.

실제로 그런지 비교해볼까요.

먼저 우리나라 공교육은 어떤 상황일까요. 학교와 교사들은 학군제를 통해 학생들을 배당받습니다.

교육의 평준화란 명분 때문이죠. 교육부는 학교가 교육을 잘하든 못하든 똑같은 등록금을 책정합니다. 교사들도 잘 가르치나 못 가르치나 받는 월급이 같으니 굳이 경쟁하지 않습니다.

게다가 너무 잦은 교육 과정 개편과 많은 잡무는 교사의 의욕마저 잃게 만듭니다. 인센티브는 없고, 교육자의 사명감만 강조합니다. 마치 계획경제 체제에 있는 것 같지 않나요?

반면 과외시장은 거의 완벽한 시장 논리로 움직입니다. 과외 교사들은 자신이 좀더 유능해지면 학생들이 몰려 많은 돈을 벌기 때문에 끝없이 노력합니다. 새로운 교수법을 개발하고 자기만의 독특한 교재를 만듭니다. 수년간 개발한 교재는 책으로 나와 베스트셀러가 되기도 합니다. 학원들도 학생들에게 인기를 끌 교육 프로그램 개발에 노력을 아끼지 않습니다.

시장 논리에 따라 움직이는 과외 시장과 규제만 많은 공교육 시장—.

어느 쪽이 더 경쟁력이 있을까요.

규제가 있으면 사회적 비용이 커지고 경쟁력이 떨어진다는 것이 대다수 경제학자들의 주장입니다. 이것을 '규제의 역(逆)효과'라고 부릅니다.

규제는 단기적으론 효과가 있을지 모르지만 장기적으로는 암시장(블랙마켓)의 형성과 불법 거래 등의 부작용을 불러 오히려 사회적 비용이 늘어나게 합니다.

과외 금지를 예로 들어볼까요. 엄연히 과외에 대한 수요가 있는데도 규제를 하니 비밀 과외(암시장)가 성행했습니다. 과외 교사들이 위험부담 비용까지 요구하니 과외비는 오를 수밖에 없었습니다.

결국 과외는 없애지도 못하면서 과외비만 올려 모두의 사(私)교육비 부담만 더 늘려놓았습니다.

공교육의 경쟁력이 떨어지고 과외비가 늘어나는 것은 정부의 규제가 지나치기 때문이라는 주장은 이래서 나옵니다.

규제의 역효과는 80~90년대 자주 발생했던 아파트 투기에서도 찾아볼 수 있습니다.

당시 정부는 집 없는 서민을 위해 아파트 분양가를 시중 가격보다 낮게 책정했습니다. 결과는 어땠나요. 새 아파트를 싼 가격에 분양받자마자 비싸게 팔다 보니 부동산 투기 바람이 일었고 전체적으로 집값이 폭등했습니다. 그러다 보니 집 구하기가 더욱 힘들어졌죠.

또 걸핏하면 발생하는 전세가 폭등도 규제가 가장 큰 원인입니다. 정부는 세입자들을 보호하기 위해 임대차보호법이란 것을 만들어 집주인이 2년간은 전셋값을 올리지 못하게 규제했습니다. 그런데 어떤 현상이 나타났나요.

집주인들이 전세 계약을 하고 나면 2년 동안 전셋값을 못 올리니 전세를 기피하게 됐습니다. 그 결과 공급 물량이 달려서 전셋값이 올라갔고 집 없는 서민들만 눈물을 흘려야 했습니다.

이런 규제의 역효과에 대한 지식을 갖고 과외 문제를 다시 한번 살펴볼까요?

과외 문제의 해결책은 공교육의 경쟁력을 높여 과외 수요를 줄여나가는 겁니다. 그러기 위해선 앞서 밝힌 대로 교육시장에 대한 규제를 대폭 줄이고 시장 논리를 적용해야 합니다.

부모·학생(수요자)과 학교·교사(공급자)의 자율성을 보장하고 경쟁 원리를 도입하는 겁니다.

제3자인 정부가 '감 놔라 배 놔라' 하는 식의 규제 위주의 교육 정책은 피해야 한다는 것이 많은 학자들의 주장입니다.

이런 열린 마음에서는 학생 선발의 자유화, 자립형 사립 중고등학교와 탈규

제 학교의 도입, 교원에 대한 성과급제 도입, 과외 허용 등이 자연스럽게 논의
될 수 있습니다.

좀 지나친 비유겠지만 교육에 대해서는 국가가 개입하지 않았던 옛 그리스
의 아테네가 뛰어난 학문을 남긴 반면, 어릴 적부터 국가가 철저히 교육을 규제
하던 스파르타는 무엇을 남겼습니까?

금리 낮아 전셋돈 굴릴 데 없어서죠

요즘 "전셋집 구하기가 어렵다"며 고민하시는 부모님들을 많이 볼 수 있죠? 또 "주인이 월세로 바꾸자는데……"라는 얘기도 많이 들었을 겁니다.

언제부터인가 동네 부동산 중개업소에는 '월세 물건'이라는 문구가 많이 나붙기 시작했지요. 아파트에 세든다면 모두 전세인 줄 알았는데 요즘 왜 이렇게 월세가 늘어났을까요.

월세가 한창 기승을 부리던 2000년 상반기 건설교통부(http://www.moct.go.kr)가 조사한 자료를 보면 서울에서 집을 세놓고 있는 사람 열 명 중 3.8명이 전세를 월세로 바꾸고 싶어하는 것으로 나타났어요. 경기도 지역은 4.4명으로 서울보다 많았어요.

전세는 집을 빌리는 사람이 집을 빌리는 비용(임대료)을 목돈으로 한꺼번에 주는 것이지요. 이 전세금은 나중에 집을 비워줄 때 주인에게서 돌려받는 것입니다. 말하자면 집을 빌리는 대가로 보증금을 맡기는 셈이죠. 빌리는 기간은 통상 2년입니다.

월세는 말 그대로 집을 사용하는 대가를 매달 주인에게 주는 방식입니다. 한꺼번에 목돈을 마련해야 하는 부담은 없지만 다달이 셋돈을 줘야 하기 때문에 봉급 생활자처럼 소득이 많지 않은 사람들은 싫어하는 편입니다.

상가나 사무실은 대부분 월세 중심입니다. 장사나 사업을 하는 사람이 매달 돈을 벌어 임대료를 내는 게 편하기 때문입니다.

주택의 경우엔 월세도 있지만 전세가 많습니다. 목돈 부담은 있으나 한꺼번에 주고 나면 계약 기간 별다른 걱정 없이 살 수 있고 나중에 그 돈을 돌려받을 수 있어, 세드는 사람들이 이 형태를 좋아하는 것이죠. 집주인 입장에서도 전셋돈을 받아 다른 곳에 투자하거나 은행에 넣어 이자를 챙길 수 있어 좋았습니다.

그러나 요즘 들어, 정확히는 2000년 초부터 상황이 많이 달라졌습니다. 이자율이 뚝 떨어진 이후부터죠.

주인이 전셋돈을 받아 은행에 넣어봤자 이자 수입이 적다 보니 차라리 월세로 돌리는 게 낫다고 생각하는 것이지요.

예를 들어볼까요. 은행 예금 금리가 연 12%일 때엔 1억 원을 은행에 넣어두면 매달 100만 원의 이자 수입이 생겼습니다. 그러나 은행 이자율이 슬금슬금 떨어져 연 6%로 주저앉자 상황은 달라졌습니다. 은행에서 1억 원에 대한 이자를 받더라도 세금(이자소득세)을 빼면 월 50만 원도 챙기지 못하게 된 것이지요.

때문에 전세를 월세로 바꾼다는 얘기가 나오는 것입니다. 수입이 훨씬 짭짤해지기 때문이지요. 보증금 1000만 원에 매달 90만 원(1부 이자)을 챙길 수 있게 됩니다. 월세는 전셋값에서 보증금을 뺀 금액의 월 1%로 계산한답니다. 이를 월 1부 금리라고 합니다.

요즘은 월세 금리가 떨어져 월 1부, 혹은 1부를 밑돌기도 하지만 2000년 상반기(1~6월)만 해도 월 1부 5리였고 한때는 2부인 적도 있었어요. 2부라면 한 달 월세가 180만 원가량 되는 셈이지요.

어쨌든 월 1부 조건이라도 월세로 하면 수입이 전세의 두 배가 된답니다. 이러니 누가 전세를 놓으려 하겠어요. 은행에 돈을 맡겨 이자 따먹는 것을 이상적이고 안전한 투자라고 여겼던 전통적 사고방식에 큰 변화가 생긴 것입니다.

사정이 이쯤 되자 아파트를 사서 월세를 놓으려는 투자자들이 부쩍 늘어났어요. 은행 예금 금리가 시원찮다 보니 아파트 월세로 돈을 받아 굴릴 방법을 찾게 된 거죠. 이렇게 해서 월세시장이 커진 겁니다. 세를 놓기 위해 아파트를 산 사람이든, 전세를 주고 있던 집주인이든 모두 월세를 좋아하게 된 거죠.

그러나 세들 사람은 입장이 반대랍니다. 될 수 있으면 전셋집을 찾으려고 하는 것이지요. 이러다 보니깐 수요와 공급(집을 얻으려고 하는 사람과 세를 주려는 사람의 비율)이 맞지 않아 전세난을 부추기게 됐어요. 작은 아파트가 많이 있는 동네를 가보면 월세는 많은데 전셋집은 하늘의 별 따기처럼 귀하답니다.

실제로 서울 상계동 주공아파트 단지의 경우 부동산 중개업소에 나와 있는 아파트 셋집의 70%는 월세입니다. 전셋집은 나오자마자 계약이 이뤄져 중개업소에서 대기 번호까지 받고 기다려야 할 때도 있습니다.

13평짜리 아파트의 경우, 전세는 5000만 원인데 월세는 보증금 1000만 원에 월 40만원 정도입니다.

상계동은 신혼부부나 젊은 직장인들이 많이 찾는 곳인데, 한 달에 40만 원씩 꼬박꼬박 떼어주는 것이 큰 부담이 되는 것입니다.

주인 입장에서는 5000만 원을 은행에 맡겨봤자 한 달 이자를 25만 원도 챙기지 못하니 무조건 월세를 놓으려는 것이죠.

결국 전세는 모자라고 월세는 남아도는 현상이 빚어진 것입니다. 아파트가 모자라서 생기는 부작용이지요. 정부에서도 이 같은 사실을 알고 소형 아파트 등을 많이 짓겠다고 합니다만, 땅이 별로 없는데다 지으려면 시일이 오래 걸리기 때문에 쉽게 해결될 것 같지 않습니다.

월세가 잘 안 나가자 보증금을 높이는 대신 월셋돈을 줄여주는 방법도 나오고 있어요. 전셋값이 5000만 원이라면 보증금 2000만 원에 월 30만 원이나 보증금 3000만 원에 월 20만 원을 제시한다는 얘기지요. 이른바 '전세 반 월세 반'인 셈이지요.

서울 강남구나 서초구 등지에는 월세 아파트를 찾는 사람이 많습니다. 매달 월세를 부담할 수 있을 정도로 소득 수준이 높은 사람이 상계동보다 많다는 뜻이죠. 월세는 작은 아파트에서 많답니다. 월셋돈이 너무 비싸면 아무도 세를 들려고 하지 않기 때문이죠. 부동산 중개업소에서는 뚜렷한 구분이 없지만 월세가 100만 원을 넘으면 세들 사람이 없는 것으로 보고 있습니다.

많은 전문가들이 당분간 소형 아파트 월세가 많아질 것으로 전망하고 있답니다. 예금 금리가 지금처럼 계속 바닥을 기면 여윳돈을 은행에 넣어둘 필요가 없기 때문이죠.

너도나도 월세로만 내놓으면 소형 아파트는 전세 물건이 모자라 큰일입니다. 게다가 서울에서는 작은 아파트 건설량이 많지 않아 더욱 걱정입니다. 아파트 지을 땅이 모자라는데다 건설회사들도 작은 아파트 건설을 싫어해 더욱 그렇습니다.

경제적 불평등 줄이기 위해서죠

바깥에서 일하는 남성과 달리 대부분의 여성은 집에서 밥하고, 빨래하고, 청소하고, 아이 돌보는 일에 많은 시간을 보냅니다. 직업을 가진 여성들도 있지만 아직은 집안일만 하는 주부들이 더 많지요.

어쩌면 이렇게 생각하는 사람이 있을지 모르겠어요. '집안일은 가치 없는 일이야' 라고. 정말 그럴까요. 이번에는 전업주부가 집에서 하는 일의 경제적 가치를 따져보려고 해요. 2001년 4월 27일, 여성개발원에서는 전업주부가 하는 일의 가치를 계산해보는 자리가 있었어요.

제목은 '여성의 무급 노동 평가와 정책화를 위한 세미나' 였죠. 쉽게 얘기할게요. 여기서 '무급 노동' 이란 돈을 받지 않고 하는 일, 즉 가사노동이나 자원봉사 등을 가리켜요. 이 토론회에는 통계청 관계자, 여성단체 대표, 보험회사 관계자, 소비자학과 교수 등 다양한 전문가들이 참여했답니다.

✳ 전업주부 노동 가치는 얼마나

전업주부가 집에서 하는 일의 월 평균 가치가 적게는 85만 6000원에서 많게는 102만 6000원이라는 얘기가 바로 여기서 나왔어요.

하지만 엄마가 집안일을 돈 받고 하는 집이 어디 있나요? 집안일과 가족에게 쏟는 주부의 사랑과 정성을 모두 값을 매길 수 없으니, 이 통계에는 한계가 있는 것이지요.

어쨌든 집안일의 가치를 매기기 위해서는 주부들이 집 안에서 어떤 종류의 일에, 얼마만큼의 시간을 쓰는지 알아야 합니다. 빨래하는 데 몇 분, 청소하는 데 몇 분, 식사 준비하는 데 몇 분 이런 식으로 말이죠.

이 평가에는 1999년 통계청이 국민 한 사람이 하루 24시간을 어떻게 사용하는지를 밝힌 '생활시간 조사' 가 기초 자료 역할을 했어요.

✱ 가사노동을 평가하는 법 세 가지

가사노동의 가치를 매기는 법은 여러 가지예요.

첫째는 전업주부가 집 안에 있는 대신 바깥에 나가서 일했을 경우 벌 수 있는 돈의 가치입니다.

여성이 '전업주부' 가 된다는 것은 결국 밖에서 일하면 벌 수 있는 돈을 포기한 거나 마찬가지잖아요. 그 포기한 돈의 가치를 계산하는 방법이에요. 이렇게 계산된 국내 전업주부의 노동 가치는 102만 6169원이라고 합니다.

둘째, 여러 가지 집안일을 전문가한테 맡겼을 때 드는 비용입니다. 빨래는 세탁소에, 요리는 식당에, 또 청소는 청소부한테 맡길 경우 들었을 비용이 결국 전업주부가 번 돈으로 계산되는 거죠. 우리나라의 전업주부는 1년 동안 월 평균 96만 8555원 정도 가사노동을 한다는 결과가 나왔어요.

셋째, 집안일을 한 사람에게 돈을 주고 맡겼을 경우를 따져보는 겁니다. 이를테면 파출부를 고용할 때 드는 돈이 가사노동의 가치가 되는 거죠. 이 방법으로 가사노동 가치를 매겨보니 85만 6689원이었어요.

✲ 가사노동의 경제적 가치를 둘러싼 의견

집 안에서 하는 일도 적잖은 가치가 있군요. 이제는 이런 평가가 필요한 이유를 짚어볼까 해요.

첫째, 불이익을 받는 사람들을 최대한 줄이기 위해서입니다. 전업주부가 다치거나 사망했을 때 보험료를 받잖아요. 또 여성이 이혼할 경우에는 남편과 재산을 나누죠. 이럴 때를 대비해 주부가 한 일에 대한 정당한 평가가 필요해요.

현재 전업주부가 사고를 당해 꼼짝하지 못할 경우에 받는 월 평균 73만 3103원은 실제 평가액의 71.4~85.6%밖에 안 돼요.

결국 지금 많은 여성들이 보상액의 15~30%를 손해 보고 있는 거나 마찬가지죠. 보다 정확하고 정당한 평가가 이뤄지면 누군가에게 불리하게 돼 있는 제도를 훨씬 합리적으로 바꿀 수 있어요.

둘째, 돈으로 지급되지 않는 노동의 경제적 가치를 국내총생산(GDP)에 산입하면 국가의 복지 수준을 정확히 파악할 수 있다고 해요.

여성개발원 김태홍·문유경 연구위원은 "가사노동을 포함한 무급 노동의 가치를 평가하고 이를 국민소득에 넣으면 보다 정확하게 그 나라의 복지 수준을 알 수 있다"고 하는군요. 하지만 이렇게 될 경우 문제가 있다고 주장하는 전문가들도 있어요. 사실 국제적인 GDP 평가 기준에 가사노동은 포함되지 않고 있거든요.

한국은행 국민소득팀장은 "가사노동을 국민소득에 포함시키면 가정을 소비가 아닌 생산 주체로, 가정에서 일하는 사람을 고용인으로 보는 것이기 때문에 결국 실업의 개념이 모호해져 고용 정책면에서 상당한 왜곡을 가져올 위험이 있다"고 합니다.

이런 지적도 있답니다. 대한손해보험협회 팀장은 "전업주부의 보상금이 올라가면 일반인이 내는 보험료가 오르지 않을 수 없다"고 했거든요. 그는 또 "경력과 월급 등을 종합해 고려하는 직장인과 달리 주부는 무엇으로 판단해야 하는지 어렵다"고 하는군요.

가사노동의 가치가 미치는 영향이 만만치 않죠? 그래서 전문가들은 가사노동 가치 평가액을 반영해 이에 관련된 보험·조세·법률 등을 보완하려면 앞으로도 2~4년은 걸릴 것이라고 해요. 그래도 우리 사회의 생활·복지 수준이 좋아질수록 주부의 가사노동과 자원봉사의 가치는 더욱 존중받지 않을까요. 주부는 한 가정의 원동력으로 국가 경제 발전에도 이바지하고 있는 일꾼이니까요.

물건 값 미리 정해
'훗날 사고 팔자' 약속

요즘 주식에 투자하는 사람들은 걱정이 많아요. 주가가 많이 떨어졌거든요.

그런데 주가가 떨어졌을 때 큰돈을 벌었다는 사람들이 있어요.

파생 상품을 이용했다는 것이에요. 미국 9·11 테러가 일어난 다음날 서울 증권시장에서 파생 상품의 한 종류인 옵션 거래를 한 투자자 중 하룻밤새 최고 505배의 이익을 낸 사람이 있답니다. 이날 반대로 옵션 거래를 했던 증권사들은 회사가 휘청거릴 정도로 큰 손해를 봤다고 해요.

이날 주가는 10%밖에 떨어지지 않았어요. 그런데 파생 상품이 뭐기에 원금의 수백 배씩 이익이나 손해를 볼 수 있을까요.

파생 상품은 통상적인 상품 거래의 내용을 다르게 만들어 사고 파는 것을 말합니다. '파생(派生)' 이란 어떤 것으로부터 갈라져 나왔다는 뜻이죠.

좀더 쉽게 알아보기 위해 대표적인 파생 상품인 선물(先物)을 살펴볼까요. 미래의 거래를 지금 미리 약속하는 것이 '선물' 입니다.

지금 정한 가격으로 미래에 상품을 사고 팔기로 하는 것이죠. 물건 값이 앞으로 어떻게 변할지 모르므로 미리 값을 정해놓아 앞으로의 값 변화에 따라 나타날 손해를 막자는 생각에서 시작된 거래랍니다.

많은 친구들이 들어봤을 '밭떼기' 를 예로 들어볼까요?

철수는 배추 농사를 짓고 있습니다. 올해 수확이 좋을 것 같은데도 철수의 마음은 조마조마합니다. 김장철에 배추 수확이 많아 배추 값이 떨어질지 모르

기 때문입니다. 얼마 전 배추 값이 포기당 500원까지 떨어져 손해를 입었던 철수는 앞으로 값이 어떻게 되든 포기당 1000원만 받으면 좋겠다는 생각을 했어요.

그런데 서울에서 배추 장사를 하는 영수의 생각은 달랐습니다. 올해 수확이 좋을 곳도 있지만 수확이 시원찮을 곳도 많아 보였습니다.

영수는 올해 배추 값이 오를 것이라 보고, 포기당 1000원에 배추를 미리 사 놓고 싶었답니다.

철수와 영수는 서로의 걱정을 덜기 위해 계약을 체결했습니다. 영수가 철수에게 포기당 1000원에 배추를 사기로 계약한 것이지요. 영수는 배추를 건네받을 때 잔금 900원을 주기로 하고 우선 계약금으로 철수에게 포기당 100원씩을 건넸습니다. 미래의 상품을 지금 사고 팔았으니 초보적인 선물 계약이 체결된 겁니다.

이제 김장철이 되어 배추 값이 결정되면 두 사람의 입장이 어떻게 되는지 살펴볼까요. 배추 값이 1500원이 되면 철수가 포기당 500원을 손해보고 영수가 그만큼의 이익을 얻게 됩니다. 반대로 포기당 500원이라면 영수가 손해보고 철수가 이득을 얻겠죠. 어느 경우에나 두 사람은 50%의 이익과 손실을 나눠 가집니다.

더 많은 사람이 끼어드는 선물 거래를 알아봅시다. 김장철이 되기 전에 영수가 갑자기 이민을 가게 됐어요. 철수네 배추를 살 때까지 기다릴 수 없게 된 것이죠. 아직 김장철이 되지 않았지만 영수 생각대로 흉년이 예상돼 배추 값은 1300원까지 올라 있었답니다.

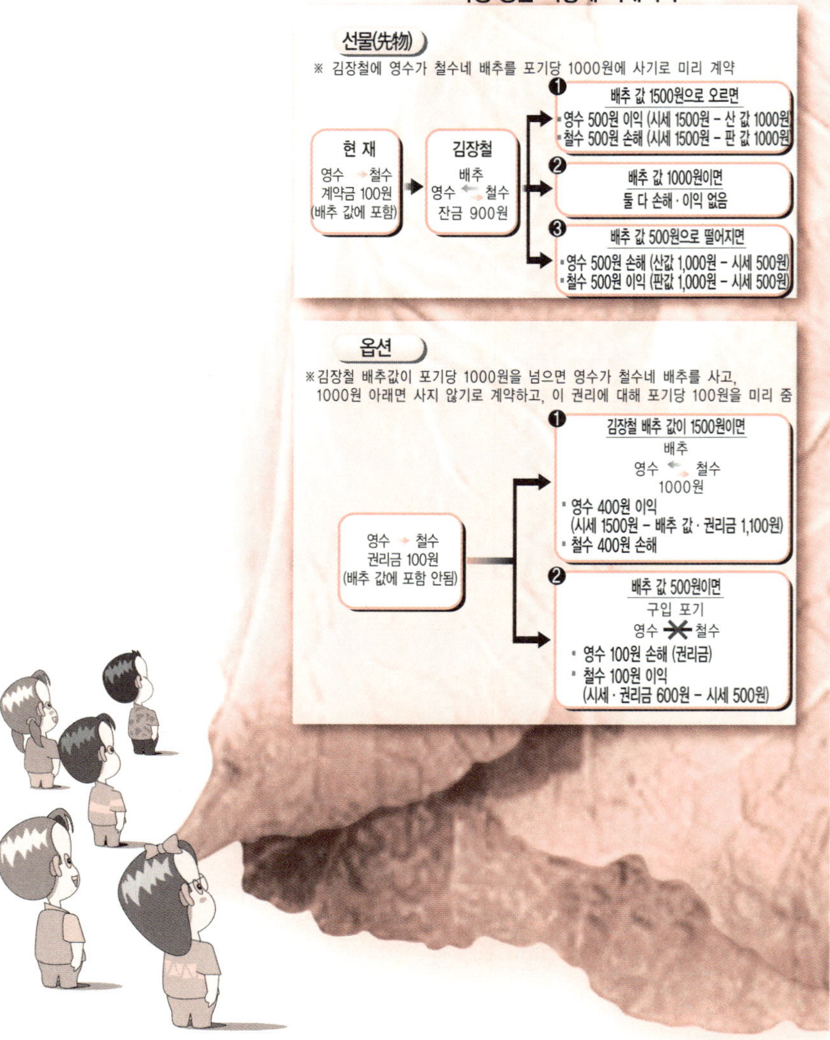

파생 상품 어떻게 거래되나

선물(先物)
※ 김장철에 영수가 철수네 배추를 포기당 1000원에 사기로 미리 계약

현재
영수 ➡ 철수
계약금 100원
(배추 값에 포함)

김장철
배추
영수 ⬌ 철수
잔금 900원

❶ 배추 값 1500원으로 오르면
▪ 영수 500원 이익 (시세 1500원 – 산 값 1000원)
▪ 철수 500원 손해 (시세 1500원 – 판 값 1000원)

❷ 배추 값 1000원이면
둘 다 손해·이익 없음

❸ 배추 값 500원으로 떨어지면
▪ 영수 500원 손해 (산값 1,000원 – 시세 500원)
▪ 철수 500원 이익 (판값 1,000원 – 시세 500원)

옵션
※ 김장철 배추값이 포기당 1000원을 넘으면 영수가 철수네 배추를 사고,
　 1000원 아래면 사지 않기로 계약하고, 이 권리에 대해 포기당 100원을 미리 줌

영수 ➡ 철수
권리금 100원
(배추 값에 포함 안됨)

❶ 김장철 배추 값이 1500원이면
배추
영수 ⬅ 철수
1000원
▪ 영수 400원 이익
(시세 1500원 – 배추 값·권리금 1,100원)
▪ 철수 400원 손해

❷ 배추 값 500원이면
구입 포기
영수 ✖ 철수
▪ 영수 100원 손해 (권리금)
▪ 철수 100원 이익
(시세·권리금 600원 – 시세 500원)

영수는 김장철에 철수한테서 배추를 포기당 1000원에 사기로 계약한 상태죠. 그래서 옆 가게 주인에게 포기당 1300원에 배추(정확하게는 앞으로 철수한테 배추를 받을 수 있는 권리)를 팔았답니다. 옆 가게 주인도 배추 값이 더 오를 것 같으니까 포기당 1300원에라도 샀습니다.

영수가 실제로 번 돈은 얼마일까요. 옆 가게 주인에게서 받은 돈은 포기당 400원입니다. 나머지 900원은 옆 가게 주인이 철수에게 잔금으로 줘야 하니까요. 영수가 낸 돈은 계약금 100원이므로 포기당 300원을 번 것입니다. 수익률 300%의 거래가 된 셈이죠.

반대로 배추 값이 떨어져 중간에 포기당 700원에 넘기게 되었다면 영수는 돈을 받기는커녕 계약금을 포기하고도 (철수에게 줘야 할 잔금 900원 중 부족한 금액인) 포기당 200원을 더 내야 합니다. 투자 원금의 세 배를 날리는 것이죠.

선물 거래의 손해나 이익이 커지는 것은 이처럼 거래 금액의 일부만 계약금 등으로 주고받은 상태에서 거래를 복잡하게 만들기 때문이랍니다.

선물과 함께 대표적인 파생 상품인 '옵션' 이란 것은 '물건을 사고 팔 수 있는 권리' 를 사고 파는 것입니다.

옵션도 배추를 놓고 알아봅시다. 영수는 철수한테서 배추를 미리 사는 선물 거래를 해 계속 돈을 벌다가 어느 해 배추 값이 뚝 떨어지는 바람에 큰 손해를 봤답니다.

그래서 영수는 궁리한 끝에 계약 조건을 바꾸었어요. 미리 물건을 사겠다고 계약하는 것보다, 김장철 배추 값이 1000원을 넘으면 1000원에 사고, 1000원 아래면 사지 않아도 되는 조건으로 계약했답니다. 그리고 이런 권리를 갖는 대신 포기당 100원을 권리금으로 주기로 했습니다.

영수로선 김장철에 값이 오르면 포기당 1100원(권리금 100원 포함)에 사고, 그렇지 않으면 권리금 100원만 손해보면 되는 것이죠. 철수 입장에서는 배추 값이 포기당 1000원 아래일 때 권리금 100원을 얻게 되는 셈입니다. 선물 거래 일 때보다 양쪽이 손해를 조금씩 줄일 수 있게 되는 게 옵션의 특징입니다.

요즘은 배추 같은 것뿐 아니라 주식 · 채권 등 금융 상품을 놓고 선물 · 옵션 등의 파생 상품 거래를 많이 한답니다.

이를 파생 금융 상품이라고 합니다. 파생 상품은 원래 미래의 손해를 조금이 라도 줄이기 위해 만들어진 것인데, 지금은 파생 상품 자체가 거래 대상이 되어 버렸습니다.

뒷일 생각 않고 '쓰고 보자'가 문제

얼마 전까지 사람이 많이 다니는 길거리나 지하철역에서 신용카드 가입을 권유하는 광경을 종종 볼 수 있었습니다. 요즘엔 정부가 길거리 모집을 제한하면서 많이 달라졌지요.

인형·시계·주방용품 등을 잔뜩 쌓아놓고 신청서를 작성하면 공짜로 준다고 합니다. 심지어 몇만 원씩 돈을 주는 경우도 있어요.

또 신문·TV 광고에서는 유명 연예인들이 나와 '신용카드에 가입하면 멋진 삶을 살 수 있다'고 선전합니다.

그런데 신문이나 TV 뉴스를 보면 '신용카드로 인한 신용 불량자가 100만 명을 넘었다' '신용카드 수수료가 너무 비싸다' '신용카드 빚 때문에 자살했다'는 등의 보도가 자주 눈에 띕니다.

얼마 전에는 앞으로 길거리에서 불법적인 신용카드 회원 모집을 하지 못하도록 하고, 20세 미만의 미성년자에게는 신용카드를 내주지 않게 한다는 보도도 있었습니다. 신용카드가 뭐기에 이렇게 떠들썩할까요.

✱ 신용카드는 '외상카드'

신용카드는 미국의 호텔 크레디트 레터라는 회사가 1894년에 처음 만들었다고 합니다. 통신·금융이 발달하지 않았던 당시에 먼 곳으로 여행하는 사람의 불편을 덜어주기 위해 '신용장' 같은 카드를 발급해 이를 현금 대신 쓸 수 있도

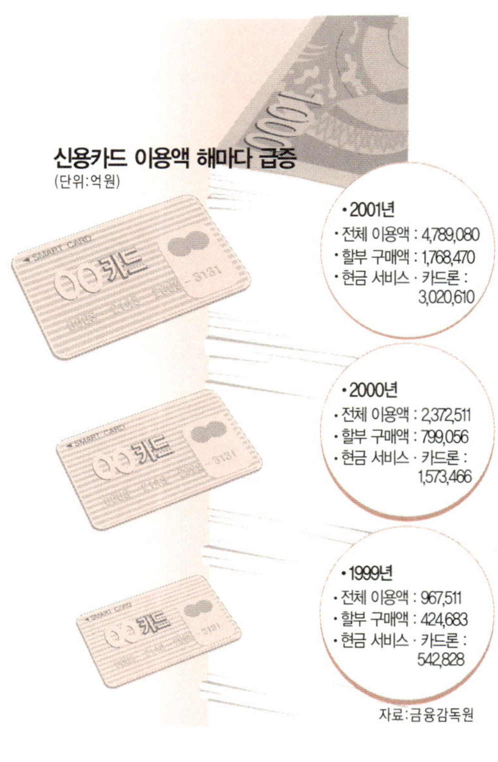

록 했답니다.

이후 미국의 호텔 · 항공사 · 정유사 등이 회원을 모집해 카드를 발급하고, 이 카드를 갖고 온 사람은 외상 거래를 할 수 있도록 했습니다.

이처럼 신용카드는 외상 거래의 수단으로 등장했어요. 따로 카드 회사가 있었던 게 아니라 상품이나 서비스를 파는 회사가 고정 고객을 확보하기 위해 돈(구매력)이 있는 소비자들을 자기 회사 카드의 회원으로 모집한 것입니다.

하지만 이런 카드는 다른 곳에선 쓰지 못했기 때문에 현재 쓰이는 신용카드와는 많이 다릅니다.

현재와 같은 형태의 신용카드는 1950년에 미국의 다이너스 클럽이 만든 '다이너스 카드'가 최초입니다. 다이너스 클럽의 창립자인 맥나마라가 식당에서 식사한 후에 현금을 갖고 있지 않아 곤욕을 치렀던 경험을 바탕으로 신용카드를 고안했다고 합니다.

현금이 없더라도 신용 있는 사람이라는 것을 확인해주는 카드가 있으면 이 카드로 물건이나 서비스를 살 수 있도록 업소(신용카드 가맹점)와 약속을 한 것이죠.

이 같은 거래는 카드 회사와 가맹점, 카드 회원 등 3자의 계약을 전제로 이뤄집니다.

신용카드는 이처럼 외상 거래를 위해 만들어졌지만 이후 급하게 돈이 필요한 사람을 위한 현금 서비스나 신용 대출(카드론)까지 해주는 등 기능이 확대됐습니다.

✳ 잘만 쓰면 편리해

신용카드가 편리한 이유는 쇼핑을 하거나 여행할 때 현금을 일일이 들고 다니는 불편을 덜어준다는 점이겠죠. 현금이 없을 때 다른 사람한테 돈을 꾸지 않더라도 카드로 필요한 물건을 사거나 돈을 빌릴 수 있습니다.

또 카드로 물건을 사면 물건 값을 할인받을 수도 있고, 물건 값을 몇 달에 걸쳐 나눠 갚는 할부 구매도 할 수 있습니다.

요즘엔 카드 회사가 특정 놀이동산 · 영화관 · 경기장 등과 계약을 해 카드를 갖고 있는 사람에게는 무료 입장이나 입장료 할인 혜택을 주기도 합니다. 카드 사용액의 일정액을 현금으로 되돌려주기도 하지요. 연간 카드 사용액에 따라 세금을 깎아주기도 하지요.

어떤 카드는 카드 안에 반도체를 집어넣어 버스 · 지하철을 탈 때 단말기에 갖다 대면 요금이 척척 계산된답니다.

이 같은 편리함 때문에 요즘 웬만한 성인은 신용카드를 몇 장씩 갖고 다닙니다. 현재 우리나라에서 발급된 신용카드가 1억 장을 넘는다니 성인 기준으로 따지면 한 사람당 약 5장씩을 갖고 있는 셈입니다.

2001년 신용카드 사용 금액은 479조 원에 이른답니다. 2002년 정부 예산이 112조 원이니까 얼마나 큰 금액인지 알 수 있겠죠.

✱ 잘못 쓰면 낭패

신용카드에도 여러 부작용이 있는데 이 중 신용 불량자가 늘어나는 게 가장 심각한 문제로 꼽힙니다.

금융감독원 통계에 따르면 2001년 말 기준으로 신용카드로 인한 신용 불량자는 104만여 명이나 됩니다. 전체 신용 불량자 245만 명의 42%가 카드 대금을 갚지 못해 그렇게 된 것이죠.

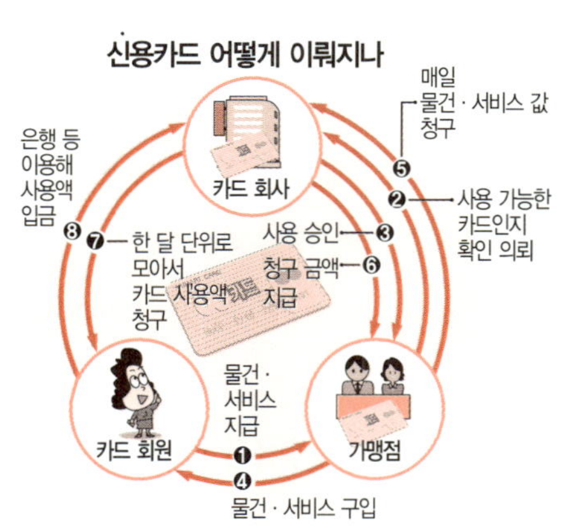

신용 불량자로 등록되면 신용카드를 사용하지 못하는 것은 물론 은행 등 금융기관에서 대출을 받을 수 없게 된답니다.

그럼 신용카드로 인한 신용 불량자가 왜 이렇게 많이 생긴 걸까요.

무엇보다 신용 상태를 제대로 따지지 않고 카드를 마구 발

급한 카드사에 일차적인 책임이 있다고 봐야 합니다.

현재 금융감독원 규정에는 만 18세 이상으로 소득이 있는 사람에게만 카드를 발급하도록 돼 있습니다. 소득이 없는 대학생 등에 대해서는 부모의 동의를 받고 카드를 내줘야 합니다. 그러나 실제로는 소득이 있는지를 알아보지 않거나 부모의 동의 없이 카드를 발급하는 경우가 적지 않답니다.

금융감독원의 소비자 민원창구에 접수된 카드 관련 민원은 2000년 900여 건에서 2001년엔 2000 건으로 급증했습니다.

이 중 상당수는 미성년자가 카드 대금을 갚지 못하자 부모 등에게 대신 갚으라고 하는 바람에 제기된 것입니다. 이런 부작용 때문에 금감원은 20세를 넘는 사람에게만 신용카드를 발급하는 방안을 추진하고 있습니다.

자신의 경제적 능력을 감안하지 않고 카드를 무절제하게 쓰는 사람이 많은 것도 원인 중 하나입니다.

2001년 카드 이용액 중 63%는 카드로 현금 서비스를 받거나 대출을 받은 것입니다. 앞서 얘기했듯이 신용카드는 외상 거래를 하는 목적으로 나온 것인데 엉뚱하게 돈을 빌리는 데 더 많이 쓰이고 있는 거죠.

신용카드 회사는 빌려준 돈에 비싼 이자를 물리기 때문에 생각 없이 돈을 빌렸다가는 낭패를 보게 마련입니다.

틴틴 여러분도 앞으로 사회 생활을 하게 되면 신용카드를 갖게 될 겁니다. 그때 '신용은 생명' 이란 사실을 꼭 떠올리기 바랍니다.

Part 5

디지털 시대, 이쯤은 알아야

인터넷에서 물건 사고 팔아요

자, 오랜만에 퀴즈를 하나 풀어볼까요?

"문제는 '다음의 설명들은 무엇에 관한 것일까요' 입니다."

① 1989년 미국의 한 연구소에서 탄생했습니다.

② 아마존 · e베이 · 프라이스라인 등이 유명하지요.

③ B2B · B2C · C2C 등 종류도 다양합니다.

④ 이것을 하려면 신용카드나 전자화폐가 필요합니다.

⑤ 이 때문에 배달업체는 신이 났지만 물건을 파는 대리점들은 울상입니다.

"문제가 좀 어려웠나요? 답은 바로 '전자상거래' 입니다."

아마존은 인터넷으로 책을 파는 곳, e베이는 인터넷에서 경매를 하는 곳이며, 프라이스라인은 세계 처음으로 '역(逆)경매' 를 특허로 등록한 회사입니다.

모두 세계적인 전자상거래 업체들이지요. B2B · B2C 등은 전자상거래의 종류이구요.

①번이나 ②번만 읽고 정답을 맞혔다면 이미 전자상거래의 기초 지식은 갖췄다고 자랑해도 됩니다.

아마 부모님이나 선생님 또는 다른 어른들을 통해서 전자상거래라는 말을 들어보았을 거예요.

요즘 하루가 다르게 전자상거래를 하는 회사들이 늘고 있답니다.

한국은 물론 전세계적으로 전자상거래 규모가 급격히 커지고 있습니다. 도대체 전자상거래가 뭐기에 기업들이 흠뻑 빠져들고 있을까요?

자, 지금부터 궁금증을 하나하나 풀어봅시다.

전자상거래를 영어로는 'Electronic Commerce'라고 합니다. 이를 줄여서 'e-Commerce' 또는 'EC'라고도 하지요. 'Electronic'은 '전자의', 'Commerce'는 '상업·거래·통상·교역'이라는 뜻이랍니다. 여기서 말하는 '전자'는 컴퓨터, 특히 인터넷을 의미합니다.

인터넷이 컴퓨터와 컴퓨터를 연결해 전화나 편지를 주고받는 것처럼 통신할 수 있도록 하는 시스템이라는 것은 알지요?

전자상거래는 인터넷을 통해 물건을 사고 팔거나 서비스를 주고받는 것을 말합니다. 인터넷을 누구든 이용할 수 있는 것처럼 전자상거래도 요령만 알면 아무나 할 수 있습니다.

친구 생일을 맞아 책을 한 권 선물하고 싶을 때 어떻게 하지요? 우선 책방에 가야지요.

그 다음 책이 꽂혀 있는 진열대를 쭉 둘러본 뒤 → 선물하고 싶은 책을 골라 → 카운터에 가서 → 돈을 내고 → 책을 건네받은 뒤 → 친구네 집에 찾아가 전해주는 게 통상적인 방법이지요.

그런데 이렇게 하려면 서점까지 가야 하고, 또 그 서점에서 마음에 드는 책을 발견하지 못하면 다른 서점에 다시 가야 하는 등 품이 꽤 듭니다.

이럴 때 인터넷을 할 줄 알면 컴퓨터를 켜놓고 책상 앞에 앉아서 '클릭' 몇 번 하는 것으로 해결할 수 있습니다.

인터넷에 들어간 뒤 책을 파는 사이트를 찾아가 컴퓨터 화면에 뜬 책 소개를 보면서 마음에 드는 책을 고른 뒤 신용카드나 전자화폐로 계산하면 이 책 파는 곳(사이버 서점)에서 친구네 집에 배달까지 해주지요. 이것이 바로 전자상거래입니다(전자화폐는 다시 설명하겠습니다).

사실 전자상거래에 대해 전세계가 인정하는 통일된 정의는 아직 없습니다. 용어도 각 나라마다 다릅니다. 아시아권에서 우리는 '전자상거래' 라고 하지만 일본에서는 'オンライン 販(온라인 판매)' 이라고 부릅니다.

대만은 '電子商務(전자상무, 전자로 하는 장사 업무)', 홍콩은 '網上購物(망상구물, 인터넷이라는 망을 통해서 물건을 사는 것)' 이란 말을 씁니다.

말레이시아에서는 '인터넷에서의 판매' 라는 뜻인 'perjualan melalui internet' 이라는 용어를 씁니다.

최근에는 인터넷뿐 아니라 전화 · TV · 케이블TV · CD롬을 이용한 거래까지 포함하는 뜻으로도 전자상거래가 쓰입니다. 이렇게 복잡하지만 아직까진 그냥 '인터넷을 이용한 거래' 정도로 이해하고 있어도 될 것 같습니다.

'전자상거래' 라는 용어는 1989년 미국의 로렌스 리버모어라는 국립연구소가 처음 만들었습니다. 당시만 해도 거래를 통해 이윤을 남기는 것보다는 기업끼리 또는 정부와 기업 간 자료나 물건을 교환한다는 의미로 주로 썼지요.

그런데 90년대 들어 인터넷 사용이 늘고, 기업들이 관심을 가지면서 거래 규모나 종류가 급격히 늘었어요.

전자상거래는 사는 쪽과 파는 쪽 모두에게 이익이라고 해서 윈윈(Win-Win) 게임으로도 불립니다.

손님들은 여기저기 돌아다니며 쇼핑할 필요가 없어 편리하고, 파는 입장에

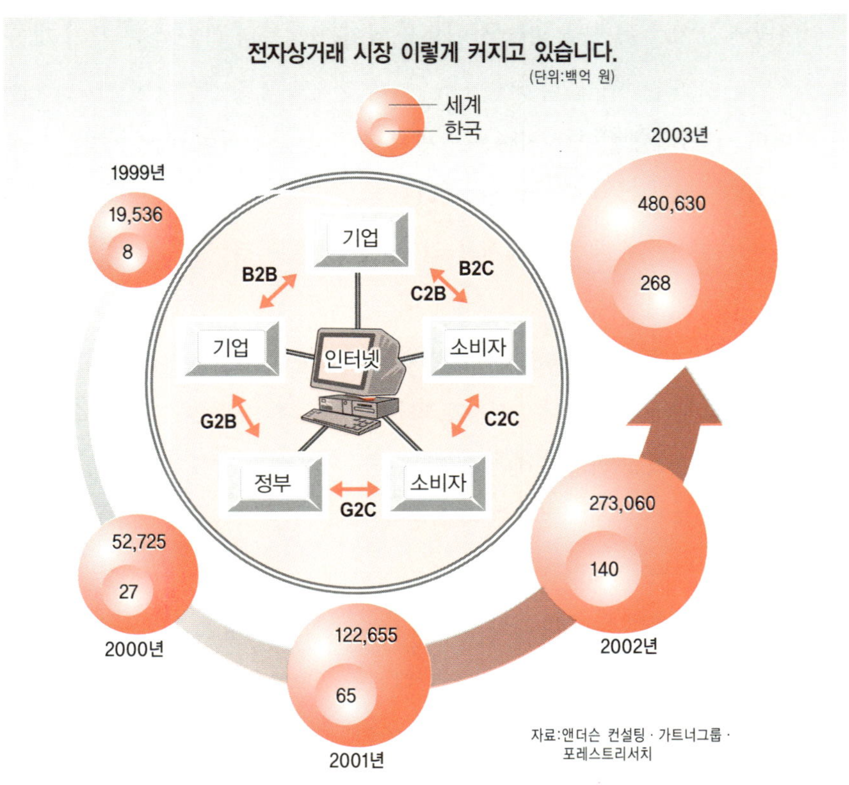

서는 대리점이나 직판점 등 중간 유통업체를 거치지 않고 최종 소비자에게 물건을 직접 팔 수 있어 경비를 줄일 수 있지요.

또 사이버 세계는 공간의 제약이 없기 때문에 안방에 앉아서 미국 업체의 인터넷 사이트에 들어가 쇼핑한 뒤 배달받을 수 있습니다. 24시간 판매와 구매가 가능합니다.

국가 간 장벽이 없어 한국 기업이 인터넷으로 미국 업체에 물건을 수출하는

'사이버 무역'도 최근 활발합니다. 중소기업도 제품만 좋으면 인터넷을 통해 전세계에 단숨에 홍보할 수 있어 전자상거래는 작은 기업이 빨리 성장할 수 있는 '기회의 땅'이 되기도 합니다.

실제로 인터넷을 통해 책을 파는 아마존은 번듯한 매장이나 진열대 하나 없지만 해마다 수억 달러씩을 파는 세계 최대 서점입니다.

미국의 큰 전자업체인 제너럴일렉트릭은 1996년부터 구매 시스템을 전자상거래로 바꾼 뒤 인건비를 30%, 구매 비용은 20%를 줄였답니다.

전자상거래는 이렇게 여러 가지로 쓸모가 있지만 값을 치르고 물건을 건네받는 것이 숙제입니다.

인터넷 상에서 물건을 선택하더라도 판매업체에 찾아가 돈을 내거나 물건을 받아와야 한다면 불편하겠지요.

그래서 대금은 신용카드로 결제(카드 번호와 비밀 번호를 입력하면 돈이 빠져나감)하는 게 일반적입니다.

최근 비밀 번호를 알려주는 것을 꺼리는 분위기가 생기면서 '전자화폐'라는 게 새롭게 나오고 있습니다. 먼저 거래 은행의 계좌에서 인터넷 안에 설치된 계좌로 돈을 옮겨받은 뒤 고객이 물건을 살 때마다 대금을 판매업체의 계좌로 인터넷을 통해 보내는 방식이 있지요.

또 공중전화 카드와 비슷한 카드를 미리 돈을 내고 산 뒤 이 카드를 컴퓨터나 카드 인식기에 넣고 사용할 때마다 돈이 빠져나가도록 하는 방식이 있습니다.

배달은 판매업체에서 직접 하거나 배달 전문업체에 맡깁니다. 배달해야 할 물건이 많아지면서 '집이나 사무실까지 배달해준다'는 택배업체들이 잇따라 생겨나고 있습니다.

오토바이·고속버스부터 비행기까지 동원해 전국을 열두 시간 안에 배달해주고, 늦게 배달하면 물건 값을 환불해주는 등 서비스 경쟁을 벌이고 있습니다.

반면 전자상거래 때문에 울상을 짓는 곳도 있습니다. 대리점이나 납품업체가 대표적이지요.

손님들이 집에 앉아서 컴퓨터로 물건을 사면 대리점이나 상가에 가지 않아도 되므로 이들 업체로선 고객을 빼앗기는 셈이지요.

그래서 자동차나 가전제품 회사들은 수십 년 동안 거래해온 대리점이 망할까봐 아직 인터넷 판매를 본격 시행하지 못하고 있답니다.

또 대기업이 인터넷을 이용해 전세계 업체를 상대로 부품을 구매하면 고정적으로 납품해온 중소 협력업체들은 거래선을 잃게 됩니다.

비행기 회사들이 인터넷으로 항공권을 팔자, 여행사들마다 비상이 걸린 것도 같은 이유입니다.

이처럼 인터넷은 생활 패턴과 산업의 판도를 바꾸는 촉매가 되고 있지요. 5000만 명이 사용하는 데 걸린 기간이 라디오는 38년, 전화가 25년, TV는 13년, 케이블이 10년인 데 비해 인터넷은 5년이라고 합니다.

세계적으로는 3억 명이 인터넷을 사용하는데, 우리나라도 인터넷 인구가 2001년 말 1000만 명을 넘었습니다. 이제 인터넷을 모르고선 살기 어려운 세상이랍니다.

자, 우리 함께 컴퓨터를 켜고 클릭해볼까요?

텔레비전 보면서 대화 할 수 있죠

혹시 근처 집 창문에 큰 쟁반 같은 둥근 안테나가 달려 있는 것을 보셨나요. 이런 집은 '디지털 위성방송'을 시청하고 있다는 뜻입니다. 위성방송이란 높은 하늘 위에 떠 있는 방송·통신용 인공위성을 이용해 방송을 내보내는 것을 말합니다.

지금의 방송은 땅 위에서 전파를 발사하기 때문에 지상파 방송이라고 하지요. 우리나라의 위성방송은 적도 상공 3만 6700킬로미터에 떠서 우리나라를 내려다보고 있는 무궁화 3호 위성을 활용하게 됩니다.

위성방송은 어떤 장점이 있을까요. 지상파 방송은 서울 같은 큰 도시에서는 TV 시청에 별 지장이 없지만 산골짜기나 섬마을 같은 곳에서는 방송 전파가 약해 TV를 제대로 못 보는 경우가 많아요. 이런 곳을 난시청 지역이라고 하는데 아무리 전파를 세게 내보내도 완전히 없애기는 어렵답니다.

이를 해소하려면 방송 신호를 전깃줄 같은 선에 담아 보내야 하는데 이 경우에도 선(케이블)을 일일이 설치해야 하니까 돈이 많이 들지요.

그런데 위성을 이용하면 안테나·수신 장치만 있으면 국내 어디서라도 방송을 볼 수가 있거든요.

이처럼 난시청을 해소할 수 있는 것이 위성방송의 장점 중 하나예요.

그러면 앞에 붙는 '디지털'이란 말은 어떤 의미를 갖는 걸까요.

현재 우리가 보고 있는 TV 방송은 아날로그 방식입니다.

이와 달리 디지털 방송은 전기 신호를 '0'과 '1'로 나눠서 전송하는 것이에요. 쉽게 말하면 컴퓨터에서 신호를 처리하듯 방송을 만들고, 보내고, 시청하게 된다는 것입니다.

지금의 방송과는 크게 세 가지가 달라져요. 볼 수 있는 채널의 수가 많아지고(다채널), TV를 통해 물건을 사는 등 기능이 다양해지며(다기능), 일방적으로 보기만 하지 않고 서로 의견을 주고받을 수 있는(쌍방향성) 것이 특징입니다.

하나씩 살펴보지요. 여러분은 집에서 몇 개의 TV 방송을 보나요?

KBS가 두 개, MBC · SBS · EBS가 하나씩 모두 다섯 개가 보통이지요. 요즘은 많은 집에서 케이블TV를 보지만 이를 합쳐도 40개 남짓합니다.

그런데 디지털 위성방송을 하면 이 채널 수가 크게 늘어납니다. 현재 우리나라 디지털 위성방송 사업자인 '스카이라이프'는 모두 110개(오디오 전용 채널 40개 포함)의 채널을 운영하고 있습니다.

무궁화 3호 위성은 최대 200개까지 채널을 늘릴 수가 있다니까 그만큼 볼거리가 풍부해지겠죠. 아마 몇 년 후에는 날씨방송 · 예약방송 · 의료전문방송 등 다양한 방송 채널이 나타나게 될 겁니다.

그러면 기능이 많고 쌍방향이라는 뜻은 무엇일까요. 여러분, 인터넷은 다 아시죠. 디지털 위성방송은 인터넷처럼 방송을 보기만 하는 것이 아니라 직접 참여할 수가 있어요.

예를 들어, 방송을 보면서 주인공이 입고 있는 옷이 마음에 든다면 그 물건을 골라 리모컨을 눌러 바로 살 수 있답니다. 축구 중계도 다양한 각도에서 골 넣는 장면을 볼 수 있어요.

또 인터넷을 연결할 수도 있고 TV를 보면서 증권 거래를 한다거나 영상 전화 · 원격 교육 등도 즐길 수 있게 됩니다.

현재도 수많은 프로그램을 TV 화면에서 바로 보고 설명을 들을 수 있는 기능이 제공되고 있답니다.

보고 듣기만 하는 '바보 상자'였던 TV가 우리 생활에 빼놓을 수 없는 '똑똑한' 생활 필수품이 되는 것입니다.

디지털 위성방송은 경제에도 새로운 힘을 불어넣을 것으로 보입니다.

본 방송은 2002년 3월부터 시작됐는데요, 그해 7월에는 이미 설치 가입자가 30만 명을 넘어섰다고 해요. 정보통신부와 위성방송회사는 2003년에는 100만 명, 2005년에는 200만 명쯤 될 것으로 내다보고 있어요.

시청 가입자가 늘면 관련 시장도 덩달아 커지게 마련입니다.

정보통신부에 따르면 앞으로 5년 동안 무려 7조 원의 새로운 시장이 열릴 것이라고 해요. 방송국 시설도 아날로그 방식에서 디지털 방식으로 바꾸어야 하고 집에서 보는 TV도 새로 사야 합니다.

또 채널이 많아지면 뉴스·드라마 등 각종 프로그램의 내용물(콘텐츠)을 만들어 공급하는 업체들도 큰돈을 벌게 됩니다.

빼놓을 수 없는 것이 있어요. 디지털 위성방송에 관련된 산업은 일반 제조업과 달리 부가가치 유발 효과가 아주 높다는 점입니다.

부가가치가 뭐냐구요. 부가가치는 물건을 만들어 파는 과정(생산 활동)에서 새롭게 더해진 가치라는 뜻입니다. 이를테면 100원짜리 종이에 만화가가 200원을 받고 그림을 그린 포케몬 카드가 500원에 팔렸다면 200원의 부가가치가 생긴 것입니다.

전문가들의 연구에 따르면 디지털 위성방송이 만들어내는 부가가치는 반도체·자동차·조선 산업보다 그 비율이 더 높다고 합니다.

반짝이는 아이디어로 재미있는 콘텐츠를 만든다면, 그야말로 큰 이익을 얻을 수 있는 게 바로 디지털 위성방송입니다.

우리나라와는 달리 유럽이나 일본은 이미 디지털 위성방송을 내보내고 있답니다.

그런데 우리 기업들은 벌써 디지털 TV나 위성 수신기를 수출하고 있어요. 다른 나라 기업보다 더 싸고 품질이 좋아 2002년 7월까지 무려 3억 5000만 달러나 수출이 늘어나 앞으로 디지털 위성방송은 우리나라 수출 효자 산업으로 자리잡을 것으로 보는 사람들이 많습니다.

디지털 위성방송이 새로운 일자리를 만들어내는 효과도 빼놓을 수 없어요. 정보통신부는 2010년까지 27만 명이 이 분야에서 일할 것이라고 보고 있답니다. 그만큼 실업률을 낮추는 효과도 있겠죠.

세계 어디서나 '동영상 전화' 걸어요

'IMT-2000 연기되나' 'IMT-2000 연기 절대 안 돼'.

2000년 차세대 이동통신인 IMT-2000과 관련한 논란이 일었지요.

정보통신부 장관까지 "IMT-2000 서비스 늦추더라도 비동기식 원한다면 그대로 받아들일 것"이라고 말했었어요.

'IMT-2000이 도대체 뭐기에 장관까지 나서서 입장을 밝힐까?'

'동기식은 뭐고 비동기식은 또 뭐지?'

'IMT-2000을 이용하면 세상이 달라지나?' 등……

경기도 일산에 사는 장소라 양의 궁금증은 꼬리에 꼬리를 물고 늘어만 갔어요. 그래서 아버지께 여쭤봤지요.

"휴대전화로 상대방 얼굴을 보면서 전화도 하고 인터넷도 이용할 수 있는 거란다."

아버지의 설명을 들은 장양은 IMT-2000에 대해 어렴풋이 알게 됐지만 '좀 편리한 서비스가 나오는 걸 갖고 왜 저렇게 난리들이지' 하는 생각은 머리 속을 떠나지 않았지요.

IMT-2000!

이해하기 어려운 말이지요. 하지만 IMT-2000은 '사람들이 난리를 피울 만큼' 중요한 겁니다.

IMT-2000은 영문인 'International Mobile Telecommunications'가 뜻하는 것처럼 전세계 어디서나 영상 전화 · 무선 호출 · 전자우편 · 데이터 교환 등을

우리나라의 IMT-2000, 어디로 갈까
(2002년 이후 서비스)

할 수 있는 국제적인 통신 서비스예요. 그런데 IMT-2000에 붙은 '2000'은 뭐냐고요.

그것은 IMT 서비스를 하도록 나눠준 주파수 대역이 2GHz(기가헤르츠), 즉 2000MHz(메가헤르츠)를 뜻하는데 1992년 세계무선관리회의에서 이름을 붙였지요.

얼마 전까지만 해도 휴대전화 서비스는 어땠었나요. 말로 얘기하거나 문자를 보내는 수준이지요. 좀더 발전됐다고 해도 문자(텍스트)로 된 인터넷 정보나 이메일을 이용하는 정도였지요.

동영상으로 상대방을 보거나 엄청나게 많은 양의 정보를 휴대전화로 확인하기는 어려웠지요.

또한 우리가 쓰는 휴대전화는 우리나라에서만 사용할 수 있었어요. 서비스가 좋아져 호주 등 일부 국가는 우리가 갖고 있는 휴대전화로도 전화를 할 수 있지만(로밍 서비스) 대부분의 나라에서는 쓸 수 없지요.

왜 우리나라 휴대전화를 다른 나라에서는 쓸 수 없냐고요. 우리나라의 휴대전화 서비스 업체가 쓰는 주파수나 기술 방식이 외국과 다르기 때문입니다.

음성 등의 정보를 주고받을 수 있는 주파수가 다르므로 그 주파수대의 정보를 받는 휴대전화가 외국에서는 무용지물이 되는 겁니다.

나라 간 교류가 활발해 세계는 단일화되고 있는데 휴대전화 서비스는 제각각이니 어떻겠어요. 많은 사람들이 불편해할 겁니다.

외국을 오가며 사업하는 사람 중엔 휴대전화를 세 개나 갖고 있는 사람도 있다고 하네요. 그래서 통신 장비와 시스템 등의 표준을 만드는 국제기구인 세계전기통신연합(ITU)이 전세계 어디서나 하나의 단말기로 음성 · 영상 · 데이터 등 멀티미디어 통신을 할 수 있는 차세대 이동통신의 표준 기술(IMT-2000)을 제안한 것이지요.

IMT-2000을 이용하면 휴대전화로 갖가지 동영상도 보고 인터넷에 접속해 사이버 세상을 돌아다닐 수 있어요. 요즘의 휴대전화에 노트북 컴퓨터를 합쳐놓았다고 할까요. 정보를 보내는 속도도 현재 이동통신보다 100배 이상 빠르죠.

IMT-2000의 등장으로 어떤 일이 벌어질까요.

옛날 전화가 나오기 전에 살던 사람들은 멀리 떨어진 사람에게 말하고 싶을 때 어떻게 했을까요. 자신이 직접 찾아가거나 다른 사람을 보내야 했을 겁니다.

이렇게 되면 다른 사람에게 '말'을 전해주는 일을 하는 사람도 생겼겠지요. TV 사극에 나오는 임금의 어명을 전달하는 사람 말이에요. 하지만 전화가 나온 후 어떻게 됐을까요. 이런 일을 하는 사람은 쓸모가 없었을 겁니다.

이들은 일자리를 잃게 된 것이지요. 전화 한 번만 하면 되는데 이런 사람이 무슨 필요가 있겠어요. 일자리가 없어진 사람들의 가족은 생계가 막막해 고통을 겪었을 테지요. 하지만 전화국 같은 곳에선 그 반대의 일이 벌어지겠죠. 새로운 일자리가 생기고 많은 사람들이 그 일을 하려고 달려들 겁니다(보통 경제학에선 일자리를 만들어냈다고 해서 이를 '고용 창출 효과' 라고 하지요).

IMT-2000도 마찬가지예요. IMT-2000 서비스가 시작되면 기존의 이동전화나 유선전화 가입자들은 IMT-2000으로 옮겨갈 겁니다.

우리나라 정보통신업계에서는 서비스 시작 후 5년 내에 1000만 명이 이 서비스를 이용할 것으로 내다보고 있지요.

이렇게 되면 IMT-2000 관련 일을 하는 사람들은 크게 늘어날 것이고(고용 창출 효과) 이들이 만든 제품이나 서비스는 나라 경제에서 큰 비중을 차지하게 되는 것이지요(생산 유발 효과).

한국전자통신연구원은 IMT-2000 사업의 직·간접적인 생산 유발 효과를 48조 원으로, 고용 창출 효과는 55만 명으로 추정했어요. 우리나라의 2001년 살림 규모(예산)가 101조 원이니 48조 원이 얼마나 큰 돈인지 알겠죠.

55만 명의 고용 창출 효과라는 것은 55만 명이 일자리를 얻는다는 뜻이에요. 이들이 4인 가족의 가장이라고 추정하면 무려 220만 명이 IMT-2000 덕분에 경제 생활을 할 수 있다는 얘기지요.

비용 확 줄고 거래 투명해져요

몇 년 전 우리나라에 앨빈 토플러라는 미래학자가 다녀간 적이 있지요.

그는 현재 일어나고 있는 사회·경제적 현상 등을 종합해 인류의 미래가 어떻게 변할 것이라는 예측을 세계에서 가장 잘하는 미국 학자입니다.

그런데 그가 김대중 전 대통령을 만났을 때 이런 말을 했어요.

"세계는 지금 e-코머스 혁명이 계속되고 있고, 한국이 강대국이 되려면 e-코머스를 잘해야 한다"고 말입니다.

도대체 e-코머스가 뭐기에 잘하면 우리가 미국처럼 강한 부자 나라가 될 것이라고 했을까요.

e-코머스는 전자상거래를 영어로 표현한 말입니다. 앞에 있는 e는 전자를 뜻하는 'electronic'의 첫 글자를 딴 것이고, 코머스는 장사를 뜻하는 'commerce'라는 단어를 우리말로 쓴 것이죠.

즉, 비즈니스를 하는 당사자들이 서로 만나지 않고 인터넷을 통해 계약과 결제 등 대부분의 상거래 과정을 해결한다는 뜻입니다.

여러분이 인터넷 쇼핑몰에서 음악 CD 한 장을 사도 e-코머스가 되는 셈이지요.

자, 그럼 e-코머스란 뜻을 알았으니 왜 이것을 하지 않으면 부자 나라가 될 수 없는지 한번 알아볼까요.

영희네와 수진이네 아빠는 각각 신발을 만들어 외국에 수출하는 회사를 경영하는 사장님들이라고 생각해보죠.

영희네 아빠는 한 달에 한두 번 미국과 유럽으로 출장을 갑니다. 바이어들을 만나 수출 상담을 하기 위해서죠.

그 비용이 한 달에 2000만 원 정도 들어요. 1년이면 2억 4000만 원 정도가 출장 비용으로 들어가지요.

반면 수진이네 아빠는 1년에 한 번 정도 출장을 가고, 나머지는 이메일이나 회사 홈페이지를 통해 상품을 광고한다고 합니다.

그랬더니 한 번도 본 적이 없는 외국 바이어들이 물건을 보고 싶다고 샘플을 보내달라는 메일이 많이 온다고 하네요. 자, 이쯤 하고 두 회사의 경쟁력을 비교해봐요.

먼저 영희네 아빠는 출장 비용을 손해보지 않기 위해서는 신발을 비싸게 팔 수밖에 없겠네요. 또 바이어들이 제한돼 있다 보니 보다 많은 신발을 생산해 판매할 가능성이 작겠지요.

반면 수진이네 아빠는 출장을 거의 안 가고도 수출했으니 신발 가격을 올릴 이유도 없고 새로운 바이어들이 많아지다 보니 회사 수입이 그만큼 늘어날 가능성이 커요.

회사가 돈을 많이 벌면 공장 시설을 늘려야 하고 또 여기에서 일할 직원들을 채용하면 우리나라의 실업자 수를 줄일 수도 있겠네요.

이익이 많이 나면 기술 연구에 많이 투자해 이전보다 훨씬 좋은 신발을 만들고, 인터넷을 통해 고급 신발 제조 기술 정보도 남보다 빨리 얻을 수 있지요. 영희네 아빠 회사는 문을 닫을 수밖에 없겠지요.

세계에서 가장 큰 회사는 미국의 제너럴일렉트릭(GE)이나 자동차 회사인 포드 같은 회사들로 1990년대 후반부터 e-코머스를 통해 연간 수십억 달러의 비

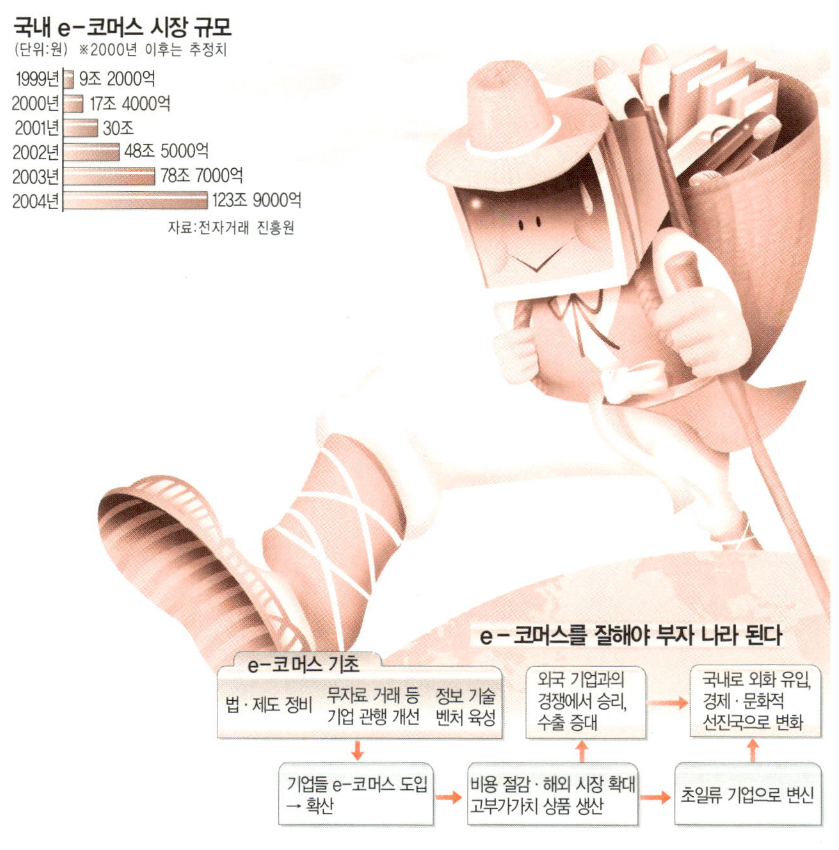

용을 절감하고 판매도 늘리고 있답니다.

그러나 이처럼 좋은 e-코머스지만 문제가 없는 것도 아닙니다.

인터넷에서 거래가 이뤄지다 보니 해커들이 특정 회사의 거래 정보를 해킹해 경쟁 회사에 정보를 팔 가능성이 있죠.

얼마 전 한국커머스넷이라는 회사에서 전세계 26개국 사장님들을 상대로 조사했는데 보안 문제 때문에 e-코머스를 못하겠다는 답이 가장 많았다고 합니다.

이 같은 문제를 해결하기 위해 인터넷 전문가들은 전자 서명이라는 방법을 쓰고 있어요.

전자 서명이란 A와 B가 상거래하면서 오가는 데이터를 A와 B만 알도록 암호화하는 방법이죠.

예컨대 '컴퓨터 100대 구매 원함' 이라는 내용은 2진법을 사용하는 컴퓨터에서는 010111…… 등으로 표시되는데 이 숫자를 다시 일정한 법칙에 따라 다른 2진법 숫자로 바꾸고 암호화 방법을 거래 당사자들만 알도록 하는 겁니다.

그런데도 해커들이 가끔 이 암호를 해독하는 경우가 있어 인터넷 전문가들은 전보다 더 어려운 암호화 방법을 찾느라 고생이 많답니다.

자금 결제 문제도 만만치 않아요.

인터넷에서 물건을 살 경우 소액의 경우 신용카드로 하니까 문제가 없지만 기업 대 기업 거래인 경우 액수가 많아 상품 값을 지불하겠다는 보증이 없으면 섣불리 수출을 하기 어렵지요.

이 문제를 해결하기 위해 규모가 큰 50여 개 세계 은행들이 모여 인터넷으로 수출할 경우, 수입업자가 돈을 지불할 것이라는 보증을 하는 아이덴트러스라는 업체를 만들었어요.

2002년부터 서비스가 시작되어 외국 기업들 간에 e-코머스가 활성화할 것 같아요.

그러면 우리나라 기업은 어떻게 준비하고 있을까요.

세계적으로 유명한 영국의 경제 주간지인 『이코노미스트』의 경제연구소가 최근 세계 60개국을 상대로 e-코머스를 잘 준비하고 있는지 조사했는데 불행히도 한국은 21위에 그쳤답니다.

우리나라는 인터넷 인구도 2000만 명에 달하고 휴대전화 사용 인구도 3000만 명에 육박할 정도로 정보화가 잘돼 있는데 왜 이런 결과가 나왔는지 궁금하죠?

이유는 바로 많은 회사 사장님들이 회사 매출이나 거래 내용이 공개되는 것을 꺼려 e-코머스를 외면하기 때문이죠.

회사 매출 내용을 모두 공개하면 세금이 그만큼 많이 나오니까 사장님들이 싫어하는 거래요. 다른 나라 사장님처럼 보안 문제 때문이 아니랍니다.

여기에다 e-코머스를 잘하려면 회사끼리 네트워크로 연결해 정보를 공유하고 외국 기업에 대응해야 하는데, 우리나라 기업은 아직까지 내가 죽어도 다른 기업과 협력하길 꺼리는 문화가 있다고 하네요.

수출 1위 품목……
산업 비중 26% 넘는 탓

반도체라는 말 잘 아시죠. 한국 국민이라면 어린 학생, 주부·노인 할 것 없이 누구나 아는 말일 겁니다.

물론 '반도체가 뭐냐' 고 물으면 제대로 대답하기는 어렵더라도 말이에요. 그런데 왜 이처럼 반도체가 우리에게 친숙하게 됐을까요.

그건 반도체가 우리나라 경제를 먹여 살리는 젖줄이 됐기 때문입니다. 이제 반도체 없이 한국 경제를 말할 수 없다는 말도 있습니다. 왜 그런지 한번 알아 볼까요.

✱ 한국 경제의 젖줄

우리나라 산업과 경제에서 차지하는 반도체의 위상을 먼저 수치로 한번 보도록 하죠.

2001년은 반도체 업계에 악몽 그 자체였어요. 우리나라가 D램 1위국이라는 건 알 겁니다. 그런데 2000년 7월엔 한 개에 19달러 하던 128메가 D램이라는 제품이 2001년 10월엔 1달러 아래로 뚝 떨어졌어요.

그런데도 우리나라에서 수출한 전체 상품 중에서 반도체가 차지하는 비율이 9.5%나 됐습니다. 자동차(8.8%)를 간발의 차로 제치고 1등 자리를 지켰어요.

2002년엔 전체 수출 상품 중에서 반도체가 차지하는 비율이 10.3%로 뛰었지

요. 1992년부터 지금까지 11년 동안이나 수출
1등을 차지한 겁니다. 10년이면 강산도 변한
다는데 참 대단하지요.

우리나라 산업 생산에서 반도체가 차지하
는 비중은 1990년 3.8%였지만 2000년에
26.2%로 늘었어요.

메모리 반도체 값이 한 개에 평균 1달러 오
르면 연간 수출 20억 달러가 늘어나는 효과가
있고, 반도체 생산이 10%만 줄어도 우리나라
경제성장률이 0.9%포인트나 떨어질 정도라고 해요.

2002년 우리나라 10대 수출 품목

※비중은 추정치임

순위	품목	비중(%)
①	반도체	10.3
②	자동차	9.0
③	무선통신기기	8.3
④	컴퓨터	8.1
⑤	선박	6.3
⑥	석유제품	4.0
⑦	합성수지	3.1
⑧	영상기기	2.5
⑨	철강판	2.5
⑩	의류	2.3

자료:산업자원부

이런 수치가 아니더라도 반도체가 우리 전체 산업 경기를 오르게도 하고 내
리게도 하는 신호등이 됐다는 증거는 여기저기서 볼 수 있어요. 한 예로 반도
체 값이 좀 오를 때는 곧바로 증시가 달아오르는 걸 보세요.

이렇게 설명하면 어떨까요. 21세기의 경제 구조는 아날로그에서 디지털로
바뀐다는 이야기를 자주 듣지요. 쉽게 말하면 앞으로의 세계 경기는 이동통
신·인터넷 같은 정보기술(IT) 산업이 주도한다는 것입니다.

그런데 IT 산업 경기가 좋은지 여부는 반도체 수요가 많고 적음에 따라 곧바
로 가려져요. 가령 D램 물량의 70% 정도를 갖다 쓰는 PC가 2001년 20년 만에
처음으로 판매가 확 줄어 마이너스 성장을 했으니 반도체 값이 곤두박질친 것
은 당연하지 않겠어요.

2002년 들어 반도체 값은 등락이 있었지만 전반적으로 2001년보다 올랐지요.
국내외 경기 회복에 대한 장밋빛 기대감이 번진 것 역시 반도체 때문입니다.

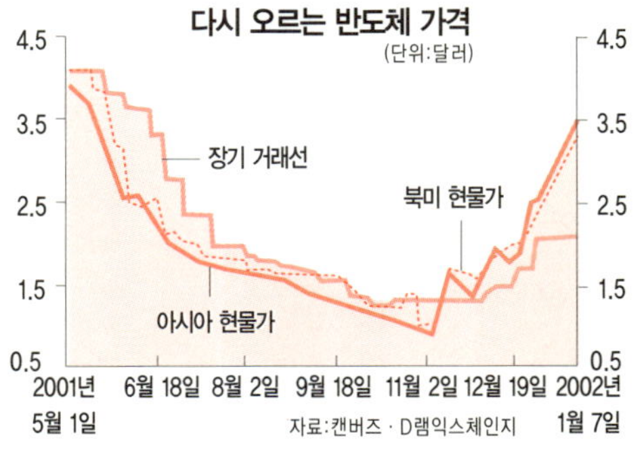

✳ 전쟁 중인 세계 반도체 업계

한국 경제가 이처럼 반도체 경기에 목을 매게 된 것은 역설적으로 한국이 반도체 강국이기 때문이에요.

삼성 같은 대기업들이 일찍이 이 사업을 유망하게 보고 1980년대 초반부터 무모하다 싶을 정도로 투자비를 쏟아 부었는데 결과가 좋았던 것이지요.

삼성전자는 수년째 세계 최대 D램 반도체 업체로 군림하고 있고, 하이닉스도 어렵긴 하지만 3위권입니다.

두 회사 물량을 합쳐보면 한국은 전세계 D램의 40% 가까이를 대는 메모리 반도체의 종주국임을 알 수 있어요.

요즘에는 2위 업체인 미국 마이크론 테크놀로지가 부쩍 힘을 내고 있어요. 일본 도시바의 미국 D램 공장을 인수한 데 이어 자금난에 처한 하이닉스의 D램 사업을 통째로 가져가려는 협상을 벌인 적도 있어요.

전세계 대형 반도체 업체들은 제각각 짝짓기를 통해 생존하겠다고 살벌한 생존 게임을 벌이고 있답니다. '반도체 3차 대전'이란 말도 나와요.

1980년대 일본 업체들이 미국과 힘을 겨뤄 메모리 반도체 1위 국가 자리를 차지한 일을 1차 대전, 삼성전자가 일본 업체를 누르고 1990년대 중반 정상에 올라선 일을 2차 대전이라고 한다면 요즘 상황은 3차 대전에 해당한다는 거지요.

미국이 반격에 나섰고 대만·중국 등지의 복병이 호시탐탐 사업 기회를 엿

보는 새로운 국면이라는 뜻이에요.

반도체 업계가 이렇게 덩치 불리기에 나서는 이유를 설명한 말로 '무어의 법칙' 이라는 게 있습니다.

과거 경험을 보면 메모리 반도체 기술은 1년 6개월마다 메모리 용량이 두 배로 늘어날 정도로 빠르게 진보한다는 거예요. 웬만한 기술과 설비, 자금력으로는 이에 필요한 연구 개발이나 대량 생산을 감당할 수 없지요.

그래서 다른 업체를 쓰러뜨리거나 아니면 합쳐서 과잉 생산을 줄이고 기술을 향상시키는 길밖에 도리가 없게 됐다는 겁니다.

✳ 메모리 비중 너무 커

한국이 반도체 강국이지만 메모리 이외의 반도체에는 아직 취약하다는 게 걱정이죠.

미국은 최고의 비메모리 반도체 강국입니다. 비메모리는 대개 메모리보다 훨씬 뛰어난 설계 기술이 필요하고, 품목이 워낙 다양해 경쟁업체가 적고 수요는 꾸준해 시장이 더 넓어요.

그래서 우리나라 기업들도 비메모리 사업을 늘리자고 하고 있는 겁니다.

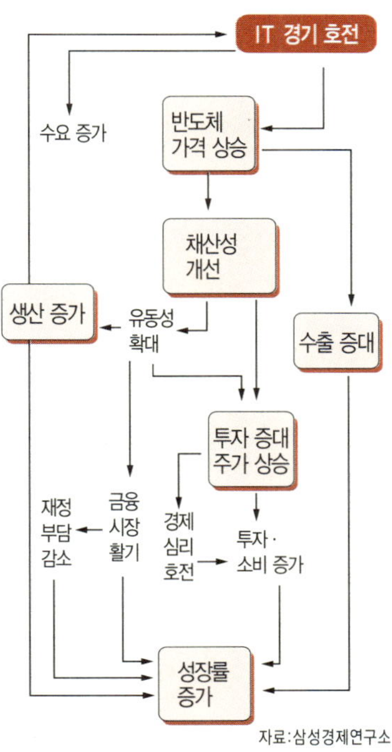

이메일 주소 뽑아 수백만 통 자동 발송

여러분은 오늘 이메일을 몇 통 받았나요. 그중에서 혹시 모르는 사람이 보낸 메일 때문에 기분이 언짢지는 않았습니까. 누가 나를 엿보는 게 아닌가 하는 생각 때문에요.

기자도 달갑지 않은 메일을 하루에 20여 통이나 받는답니다. '달갑지 않다'는 말은 보내달라고 요청하지도 않았고, 쓸모도 없다는 뜻이지요.

물건을 싸게 팔겠다거나 느닷없이 경품에 당첨됐다는 내용들이 대부분이에요. 전혀 모르는 술집에서 초대장이 오는 경우도 있고, 가끔씩은 낯 뜨거운 장면이 전송돼와 얼굴을 붉힐 때도 있답니다. 이런 스팸메일은 제목만 살펴본 뒤 곧바로 '삭제' 버튼을 누른답니다.

✳ 하루 500만 개까지 발송

스팸메일은 어떻게 만들어서 보내는 것일까요. 메일을 보내기 위해서는 우선 이메일 주소가 필요하겠죠.

광고업자들은 이메일 추출 프로그램을 이용해 여러 인터넷 게시판을 돌며 이메일 주소를 간단히 뽑아냅니다. 이메일 그래버(grabber)라는 이 프로그램은 서울 용산 전자상가에서 30만 원이면 살 수 있습니다.

이 프로그램이 있으면 초보자도 5분에 5만 개 정도의 이메일 주소를 긁어모을 수 있습니다. 이렇게 주소를 모아 판매하는 사람도 있는데, 1000만 개에 100

만 원 정도 받는다고 합니다.

광고업자들은 이런 방법으로 수집한 이메일 주소를 데이터베이스화한 다음 자동 발신 프로그램을 이용해 마구 발송합니다.

하루 500만 개까지 보낼 수 있답니다. 최근에는 스팸메일 발송을 대신해주는 업체가 생겨나기도 했습니다.

광고업자들이 스팸메일을 보내는 까닭은 무엇일까요. 우선 비용이 싸게 먹히기 때문입니다. 상품이나 서비스를 신문·방송에 광고하려면 수백만~수천만 원이 들어요.

그러나 이메일 서버와 주소만 있으면 스팸메일을 보내는 데는 비용이 거의 들지 않습니다. 게다가 비정상적인 유통 경로를 거친 상품이나 음란 제품은 아무리 많은 광고비를 줘도 다른 매체에 광고하기 어려운데, 이메일은 그런 제한을 피해갈 수 있습니다.

광고가 소비자에게 전달되는 시간도 이메일이 단연 빠르지요. 우편으로 고객에게 광고물을 보내려면 우표·봉투 값이 들 뿐 아니라 시간도 많이 걸리죠. 게다가 배달 도중에 분실될 수도 있습니다. 그러나 이메일은 이런 염려가 전혀 없습니다.

광고 효과를 곧바로 체크할 수 있다는 것도 장점입니다. 네티즌이 메일을 열어봤는지, 또는 메일을 열어보고 구입하기 위해 홈페이지에 접속했는지 등을 쉽게 알 수 있습니다.

골칫거리 스팸메일

스팸메일은 광고업자 입장에서 볼 때 이처럼 장점이 많지만 여러 사람들에게는 피해를 주게 됩니다.

우선 이메일 이용자들은 자신이 원하지 않는 메일을 삭제하는 데 시간과 노력을 낭비해야 합니다. 속도를 생명으로 하는 인터넷에서 짜증나는 일이 아닐 수 없지요.

용량이 한정된 메일박스에 스팸메일이 쌓이면 정작 필요한 정보를 받지 못할 수도 있겠죠. 성인용품·음란물 광고는 청소년의 정서에 악영향을 미치게 됩니다.

컴퓨터가 바이러스에 감염되는 등 시스템이 손상될 우려도 있습니다. 접속 시간이 길어져 요금 부담도 늘어납니다.

인터넷 서비스 업체도 스팸메일은 반갑지 않습니다. 엉뚱한 메일이 많아지면서 하드디스크 용량이 증가하고 서비스 속도가 느려지기 때문이죠. 당연히 관리하는 직원이 많이 필요하겠죠.

이 때문에 일부 인터넷 업체들은 앞으로 기업들이 광고성 이메일을 보낼 경

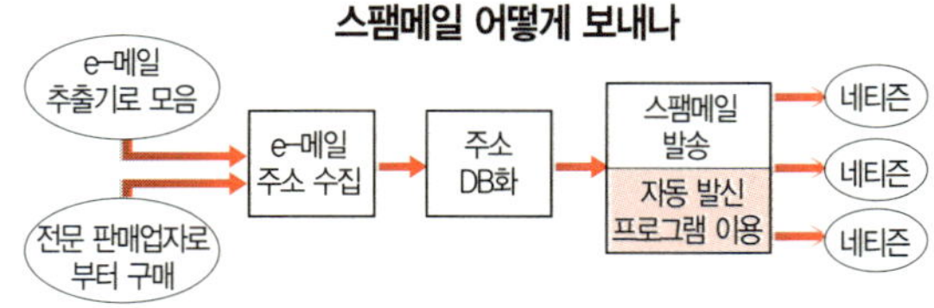

우 전송료를 부과할 방침이라고 밝히기도 했습니다.

유럽연합(EU) 집행위원회는 2001년 초 스팸메일로 정체가 발생해 네티즌들이 부당하게 부담하는 통신 비용이 연간 90억 달러(약 11조 원)라고 밝힌 적이 있습니다.

스팸메일은 국가 이미지를 떨어뜨리기도 합니다. 외국인의 이메일 주소를 뽑아 광고성 정보를 마구 발송했다가 국내 서비스 업체가 외국인에게 항의를 받은 사례까지 있습니다.

✳ 전자우편의 절반은 스팸메일

조사에 의하면 우리나라 사람들이 일주일에 받는 스팸메일은 2001년 평균 32.65개입니다. 한 해 전의 16.87개에 비하면 거의 두 배가 된 것이죠.

내용은 ▶상품 · 서비스 광고 ▶음란성 정보 ▶경품 · 돈 벌기 정보 ▶불법 소프트웨어 광고 등이 대부분입니다. 네티즌들은 자신이 받는 전자우편 중 44.5%가 스팸메일이라고 응답했습니다.

인터넷 업체들은 이메일의 60%를 스팸메일로 추산하고 있습니다. 전문가들은 하루 유통되는 스팸메일이 1억 통 이상 될 것으로 보고 있습니다.

스팸메일과 관련해 한국정보보호진흥원에 상담 또는 신고한 건수는 2000년 월 평균 36건이었으나 2001년에는 236건으로 크게 늘었습니다.

이용자들은 수신을 거부했는데도 메일을 계속 보내는 데 대해 불만을 나타냅니다. 또 수신을 거부할 수 없도록 발신지를 감추거나 거짓으로 기재한 경우도 많다고 호소하고 있습니다.

✱ 스팸메일 막으려면

귀찮은 스팸메일을 막을 수 있는 방법은 없을까요. 아예 누구도 스팸메일을 전송하지 못하게 법으로 금지해버리면 어떨까요. 하지만 그렇게 하면 요즘 같은 정보화 사회에선 불편한 점도 많을 겁니다.

이미 많은 기업과 단체들이 광고와 정보 제공 수단으로 이메일을 널리 활용하고 있기 때문입니다. 또 개중에는 이런 메일을 통해 정보를 얻고 싶어하는 사람도 있답니다.

신문이나 TV의 광고가 불필요한 사람도 있지만 어떤 사람들에게는 요긴한 정보가 될 수 있는 것과 마찬가지지요.

하지만 스팸메일이 지나치게 늘어나면서 그 부작용도 너무 커진 게 사실입니다. 한국소비자보호원이 2001년 네티즌 5000여 명에게 스팸메일을 받은 느낌을 물어보니 네 명 중 세 명이 '불만스럽다' 고 말했다는 겁니다.

보내는 입장에서도 불과 몇 사람의 관심을 얻기 위해 대부분의 사람들에게 거부감을 일으킨다면 바람직한 일은 아닐 겁니다.

이 때문에 세계의 많은 나라들이 정보 교류는 막지 않으면서 네티즌들의 불편은 최소한으로 줄이기 위한 방법을 찾고 있습니다.

우리의 경우 이메일로 광고를 보낼 때 제목에 '광고' '성인 광고' 등의 문패를 표기하도록 하고 있습니다. 이메일을 일일이 열어 광고 메일임을 확인해야 하는 불편을 줄이고, 청소년들이 성인들을 대상으로 한 광고물을 무심코 열어 보는 일을 막기 위해서죠.

그리고 메일을 보내는 사람의 연락처를 반드시 남겨 받아보는 사람이 메일

스팸메일이란

    수신자의 의사와 상관없이 일방적으로 전달되는 광고성 전자우편을 스팸메일(spam mail)이라고 합니다.

    미국의 한 식품회사가 '스팸'이란 통조림을 만들어 소비자들에게 알리는 과정에서 공해에 가까울 정도로 광고를 많이 했다는 데서 비롯한 말이랍니다.

    그래서 보통 스팸메일이라고 하면 공해성(公害性) 메일이라는 뜻으로 쓰이지요. 쓰레기처럼 쓸모없다고 해서 정크(junk) 메일이라고도 하고 대량으로 발송된다고 해서 벌크(bulk) 메일이라고 부르는 사람도 있지요.

    스팸메일은 기업들이 이메일을 통해 마케팅 활동을 활발하게 하면서 최근 1~2년 사이에 부쩍 늘었어요.

받기를 원치 않는다는 의사를 표시할 수 있도록 했습니다. 원하는 사람에게만 보내라는 겁니다.

수신 거부 의사를 밝혔는데도 메일을 계속 보내올 경우 어떻게 해야 할까요. 여러분이 받은 스팸메일과 수신 거부 의사를 밝힌 이메일을 자료로 첨부해 개인정보침해신고센터(http://www.cyberprivacy.or.kr)로 신고하면 됩니다.

신고 내용이 사실일 경우 스팸메일을 보낸 사람은 500만 원 이하의 과태료를 물도록 돼 있습니다. 또 정부는 발신자가 고의로 연락처를 거짓으로 써놓을 경우 형사 처벌까지 할 수 있도록 관련 법을 개정할 방침이라고 합니다.

스팸메일 때문에 시간과 비용의 낭비가 심하다면 개인적으론 이메일 프로그램의 걸러내기(filtering) 기능을 활용해볼 만합니다.

제목에 '광고'나 '정보' 등의 단어를 포함하고 있는 스팸메일의 특징을 이용해 통로에서 미리 이런 종류의 메일이 들어오는 것을 막는 것입니다.

물론 '광고' 등의 문구를 표시하지 않은 불법 스팸메일은 이 방법으로 차단하기 힘듭니다.

공개된 장소에는 가급적 이메일 주소를 안 남기는 게 좋습니다.

인터넷 사이트 회원에 가입할 때는 자신의 개인 정보가 어디까지 활용되는지 약관을 꼼꼼히 확인하는 것도 스팸메일을 줄이는 방법입니다.

Part **6**

나라 경제가 잘 되려면

값 싸져요, 질도 좋아지고요

"미국 법무부는 마이크로소프트(MS)를 3개 회사로 나누는 방안을 검토하고 있다." 2000년 초 미국의 신문·방송이 전했던 내용이에요.

이 보도가 나온 지 하루 만에 MS의 빌 게이츠 회장은 25년간 유지해온 최고 경영자(CEO) 자리에서 물러난다고 말했어요.

1999년 11월 미국 법무부가 "MS가 막강한 힘을 이용해 공정한 시장 경쟁을 막아왔다"며 독점 판정을 내린 데 이어 생긴 일이지요. 독점이 뭐기에 미국 정부가 세계에서 가장 큰 소프트웨어 회사를 쪼개려 한다는 얘기가 나올까요?

시장에서 수많은 사람들이 빵을 사고 판다고 상상해볼까요. 누구든 빵가게를 차리거나 그만둘 수 있다고 해요. 이때 대부분의 빵가게 주인(공급자)들은 손해가 되지 않는다면 조금이라도 빵값을 내려 받거나 질 좋은 빵을 만들려고 할 겁니다.

그래야만 옆 가게로 가던 손님(수요자)들이 자기네 가게를 찾을 테니까요. 가게 주인 가운데 한 명이 빵값을 500원에서 550원으로 올리면 어떻게 될까요?

얼마 가지 않아 망할 겁니다. 500원에 파는 옆 가게로 사람들이 발길을 돌릴 테니까요. 이렇게 빵 파는 사람이 많아 어느 한 가게 주인이 맘대로 값을 올리거나 내릴 수 없는 상태를 '경쟁시장' 또는 '완전 경쟁시장'이라고 합니다.

누가 그렇게 하라고 시키지 않아도 이 시장에 있는 주인들은 아주 효율적으로 가게를 이끌어가려 할 거예요. 그렇게 하는 것만이 치열한 경쟁에서 살아남는 길이기 때문이죠.

시장에 빵 파는 가게가 영이네 한 곳만 있는 경우도 생각해볼 수 있어요. 이를 ‘혼자서 시장을 차지하고 있다’ 해서 독점(獨占)이라고 하지요. 영이네만 빵을 팔기 때문에 값도 맘대로 정할 수 있어요.

영이네는 어떻게 할까요? 사람들이 장사하는 이유가 뭐지요? 그래요. 돈을 많이 남기기 위해서예요. 그렇다면 영이네는 당연히 빵값을 더 올릴 겁니다.

빵값이 비싸지면 더 많은 돈을 남길 수 있을 테니까요. 빵이 너무 비싸 못 먹는 사람도 생기겠지만 많은 사람들은 그 빵을 살 겁니다.

영이네 빵을 먹지 않으면 굶을 수밖에 없기 때문이지요. 영이네는 여기에다 잘 안 팔리는 우유도 함께 팔려고 할지도 몰라요. “빵 한 개 살 때마다 우유도 한 통 사라”는 ‘끼워 팔기’ 식으로 말이에요.

영이네(기업)는 혼자서 팔다 보니 빵을 맛있게 만들(기술 개발) 생각을 하지 않을 거예요. 맛이 없어도 사람들이 다 살 테니까요.

이렇게 독점이 되면 경쟁일 때보다 빵 파는 사람들은 더 게을러지기 쉽지요. 물론 사는 사람들 입장에선 돈이 없어 빵을 못 먹거나 비싼 값에 먹게 되니 손해이고요. MS의 경우도 마찬가지예요.

전세계 컴퓨터 10대 가운데 9대에는 MS의 윈도가 깔려 있어요. 그러니 MS는 윈도를 팔면서 “우리 회사의 인터넷 검색 도구(웹브라우저)인 익스플로러도 함께 써야 한다”고 요구한 것이지요.

이렇게 독점 때문에 생길 수 있는 문제를 막으려고 각 나라에서는 독점을 금지하는 법을 만들어 규제하고 공정하게 경쟁할 수 있게 하고 있어요. 미국은 ‘반독점법’, 우리나라는 ‘공정거래법’이라고 하지요.

이 법은 독점회사도 규제하지만 두세 개 회사가 합쳐서 독점회사가 되려는

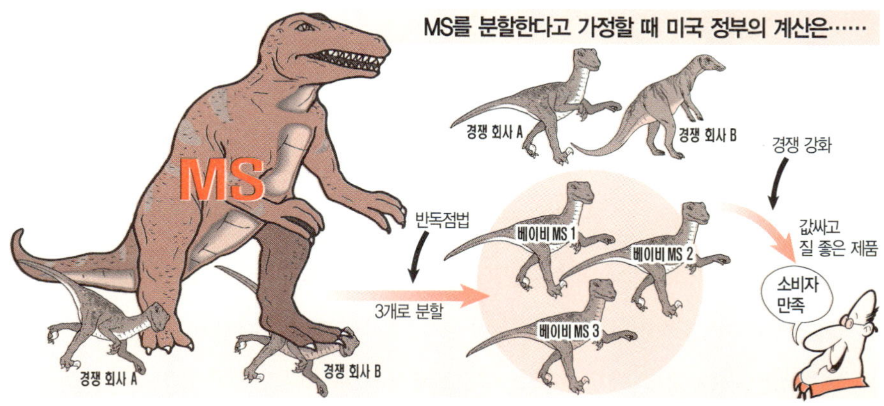

것도 막고 있어요. 실제론 시장에 딱 한 개의 회사만 있는 경우는 많지 않아요. 그래서 우리나라 법에는 한 회사가 파는 물건이 10개 가운데 5개가 넘으면(시장점유율 50% 이상) 독점회사라고 하지요.

1999년 말 이동통신회사인 SK텔레콤이 신세기통신과 합친다고 하자 다른 PCS 회사들이 독점이라며 반대하고 나선 것도 이 때문이에요.

두 회사가 합칠 경우 10명 가운데 5.7명이 이들 회사 휴대전화를 이용하게 돼 독점이 된다는 것이지요. 롯데 등이 해태음료를 인수할 수 있는지를 공정거래위원회가 심사하는 것도 같은 이유예요.

하지만 '예외 없는 규칙은 없다'는 말이 있듯이 독점으로 인한 문제점보다 쓸데없는 투자를 줄이는 등 그 효과가 더 큰 경우(전기·수도·자동차 등) 독점을 예외적으로 인정하기도 합니다.

GDP…… GNP? 너무 헷갈려요

몇 년 전 미국 중앙은행(연방준비제도이사회, FRB)의 앨런 그린스펀 의장은 "이번 세기 세계 경제의 주요 업적 중 하나는 나라의 경제 크기를 재는 기준을 국민총생산(GNP)에서 국내총생산(GDP)으로 바꾼 것"이라고 말했어요.

GNP와 GDP는 뭐기에 사람들이 대단한 것처럼 말했을까요?

두 가지 다 한 해의 총생산을 말해요. 예컨대 우리나라에서 1999년 한 해 동안 자동차 100대(1대에 1만 달러)와 쌀 200톤(톤당 5000달러)이 만들어졌다고 상상해봐요.

그러면 우리나라에서 총 200만 달러어치가 생산된 것이 되지요〔(자동차 100대×1만 달러)+(쌀 200톤×5000달러)〕이니까요. 국내총생산(Gross Domestic Product)은 이처럼 한 해 우리나라 안의 총생산을 뜻하는 말입니다.

이 총생산은 중간중간에 새로 만들어지는 가치를 합한 것과 같아요. 마치 자동차 한 대 안에 온갖 부품들이 들어가는 것처럼 말이지요. 이렇게 생산 과정에서 새로 추가되는 가치를 부가가치라고 하는데, 총가치는 이런 부가가치의 합과 같게 되지요.

예를 들어볼까요. 자동차 업자는 1만 달러짜리 자동차를 만들기 위해 6000달러의 부품을 구입했고, 부품업자들은 부품을 만들기 위해 철강업자로부터 3000달러어치의 철강을 구입했다고 해요.

그러면 기계 부품업자는 3000달러의 철강으로 6000달러의 부품을 만들었으니 새로 생산된 부가가치는 3000달러라는 이야기지요.

또 자동차 업자는 6000달러의 부품으로 1만 달러어치의 자동차를 만들었으니 4000달러어치를 새로 만들어낸 셈이지요. 이렇게 철강업자가 만든 3000달러+부품업자가 만든 3000달러+자동차 업자가 만든 4000달러가 합해지면 최종 생산물인 자동차 1만 달러와 같아진다는 얘기지요.

그런데 앞에서 든 예는 우리나라 땅 안에서 일어난 활동을 뜻하는 것이죠. 자세히 살펴보면 우리나라에 와 있는 외국인에 의해 생산된 것도 포함돼 있을 수 있어요.

예를 들어 자동차는 미국의 GM사가 우리나라에 지은 공장에서 만들었고 동시에 우리나라 농민이 미국에 가서 쌀 300톤을 생산했다고 가정해봐요.

이렇게 되면 우리나라의 생산 수준을 알려고 할 때 그 나라에서 생산된 것이냐, 또는 그 나라 사람이 만든 것이냐에 따라 달라질 겁니다.

즉 '땅' 이냐 '국민' 이냐에 따라 결과가 틀리겠죠. 누가 생산했든 간에 그 나라 땅 안에서 생산된 상품으로 경제 전체의 생산 수준으로 본다면 앞에서 본 GDP가 이 경우일 거예요.

'땅' 을 기준으로 하지 않고 '사람' 을 기준으로 하면 경제 수준은 어떻게 될까요. 우리나라 사람이 만든 것만 따지니까 한국에서 생산된 쌀 200톤과 미국에서 수확된 300톤만 계산에 들어가겠죠.

상품의 양에 가격을 곱하면(500톤×5000달러) 250만 달러라는 수치를 얻게 되죠. 이를 국민총생산(Gross National Product)이라고 부르지요. GNP 역시 '한 나라 사람들이 1년 동안 새로 만들어낸 가치의 합' 과 같게 됩니다.

한 나라의 생산 수준은 GDP 또는 GNP로 볼 수 있어요. 위의 예처럼 외국 사람이 우리나라에 들어와 제품을 만드는 가치(100만 달러)보다 우리나라 사람이 외국에 나가 만드는 상품의 가치(150만 달러)가 크다면 GDP가 GNP보다 더 크지요. 물론 그 반대의 경우도 있겠죠.

우리나라의 경우, 1997년의 GNP는 416조 원이었는데 GDP는 420조 원이었어요. 우리나라 사람이 외국에 나가 물건을 만드는 것보다 외국인이 우리나라에 들어와 만든 상품이 더 많다는 얘기지요.

그렇다면 한 나라의 생산 활동을 알아보는 데 이 두 가지 중 어느 것이 더 필요할까요. 각각의 장단점이 있어서 어느 것이 낫다고 말하기는 어려울 거예요. 얼마 전까지만 해도 모든 나라에서 GNP를 사용했어요. 하지만 요즘엔 GDP로 바뀌어가고 있어요.

미국은 1991년부터, 우리나라는 1994년부터 GDP를 사용하기 시작했어요. 전세계적으로 무역이 자유화되고 기업체들이 세계 곳곳에 공장을 지으면서 우리나라 '사람' 보다는 그 나라 '땅' 에서 물건을 만들고 일자리를 만들어주는 것이 더 중요하게 된 것이지요.

'무조건 많이 주는 것' 좋지 않대요

몇 년 전 김대중 전 대통령이 더불어 잘사는 나라를 만들기 위한 방안으로 내놓은 것 중에 '빈곤층 퇴치 정책' 이라는 게 있습니다.

나라에서 가난한 사람들에게 최소한의 생활비를 대주어 빈부 격차를 줄여보자는 생각이 그것이에요.

그런데 정부가 가난한 사람들에게 직접 생활비를 도와주는 것이 바람직하지 못한 측면도 있다는 의견 역시 만만치 않습니다. 왜 그럴까요. 만일 그렇다면 부작용을 줄이는 방법은 없을까요.

우리 정부는 '국민기초생활보장법' 에 생활비를 받을 수 있는 자격을 정하고 2000년 말부터 의욕적으로 최저생계비 지원 사업을 시작했어요.

정부가 생계비를 직접 도와줘야 할 대상자는 돈벌이가 어려운 사람입니다. 경제 용어로는 소득이 최저생계비에 미치지 못하는 경우를 지칭합니다. 그러니 가족을 먹여 살리기도 버거울 수밖에 없지요.

법으로 정한 생활비 지원 기준은 가족의 한 달 총 수입과 보유 재산에 따라 상당히 복잡하지만, 4인 가족의 가장인 김갑돌 씨의 경우를 예로 들어보지요.

김씨가 최저생계비를 지원받으려면 우선 부동산 등 각종 보유 재산의 규모가 5400만 원을 넘지 않아야 합니다. 만약 넘을 경우엔 월수입이 아무리 적어도 생계비 지원 대상에서 제외되지요. 그만한 재산을 잘 활용하면 생계를 해결할 수 있다고 보는 거지요.

재산 규모가 5400만 원을 밑돌더라도 가족들의 한 달 총 수입이 99만 원을 초과하면 역시 생계비를 받을 자격이 없습니다.

결국 김씨처럼 4인 가족의 경우 재산 규모가 5400만 원을 밑돌면서 가족들의 한 달 총수입이 99만 원이 안 될 때 정부에서 돈을 지원하는 거지요.

생활비 지원 규모는 99만 원에서 가족들의 총수입을 뺀 나머지가 됩니다.

예를 들어 김씨 가족의 한 달 총수입이 80만 원 이하면 19만 원을 주는 거예요.

이런 정책을 실시한 이후 정부에서 생계비 지원을 받는 가난한 사람들의 수는 종전의 54만여 명에서 151만여 명(2002년 3월 말 현재)으로 3배 정도로 늘었어요.

정부 계획대로 벌이를 제대로 못해 식구들을 굶기는 불쌍한 사람들은 많이 줄었지요.

그런데 이 정책을 실행해 나가다 보니 큰 문제가 하나 생겼습니다.

가난한 사람들에게 직접 돈을 지원한 뒤 그들의 일할 의욕을 떨어뜨려 더욱 무기력하게 만들어가고 있다는 점입니다.

예를 들어 4인 가족 전체의 한 달 수입이 50만 원인 가장이 있다고 합시다.

정부의 최저생계비 보장 정책에 따라 정부가 무조건 44만 원을 지원한다고 하면 그 가족의 구성원은 과연 열심히 일을 할까요?

아마 땀 흘려 일하기보다는 정부 지원을 받기 전처럼 일하며 생활비를 지원받으려 할 것입니다.

자연히 그 사람의 근로의욕은 더 떨어지겠지요. 그런 사람들이 많다면 국가 전체적으로 경쟁력이 떨어지게 마련입니다.

이런 사정은 우리보다 먼저 최저생계비 지원 정책을 시행하고 있는 미국 등

선진국에서도 비슷하게 나타나고 있습니다.

그런 문제 외에도 사업을 시행하다 보니 또 다른 골칫거리가 하나 생겼어요.

일정한 소득만 없을 뿐이지, 실제로는 재산이 많은 사람들이 재산을 속이고 정부의 생계비 지원을 받는 경우가 늘어난 것이에요. 생각해보세요.

만약 부모로부터 물려받은 부동산이 10억 원어치쯤 있는 4인 가족의 가장이 가족들의 월급 총액이 99만 원이 안 돼 정부의 생계비 지원을 받는다면 우스운 일 아니에요? 10억 원을 은행에 넣어두면 한 달에 생기는 이자 수입만 해도 엄청날 텐데요.

실제로 2002년 초에는 재산이 수억 원대에 이르는 사람들이 보유 재산을 숨기고, 월소득이 없다는 이유로 수천만 원의 생계비를 정부에서 타먹은 사실이 발각돼 검찰에 고발되기도 했지요.

2001년 복지부가 생계비 지원 대상자 가운데 107만 명을 대상으로 전산 조회를 실시한 결과 억대 재산을 갖고도 허위 재산 신고로 생계비를 받은 가구가 1만 5555가구에 달했지요.

정부는 요즘 어떻게 하면 가난한 사람들에게 생계비를 지원하면서 근로의욕도 높일 수 있을지 궁리하고 있어요.

학자들은 여러 가지 방법을 제시합니다.

그중 하나가 '절충론'입니다. 최저생계비와 실제 소득의 차이를 전부 지원해주지 말고 일정 비율만큼만 지원해서 빈곤층의 생계를 돕는 한편 일할 의욕도 높여주자는 것입니다.

한 학자는 "해마다 실제 소득과 최저생계비 차이에 대한 정부 보조 비율을 늘려나가되, 실제 소득에 대한 보조금 지급 비율은 50%를 넘지 않도록 하자"고

제안했습니다.

　이렇게 된다면 최저생계비 보장 정책은 저소득층의 소득을 지원하면서 근로 의욕을 유발할 수 있다는 거지요. 또 이런 방법은 무엇보다 정부의 지출을 줄일 수 있습니다.

　정부가 나서서 빈곤층을 구하는 일에는 또 한 가지 생각해보아야 할 부분이 있습니다. 여러분이 아는 바와 같이 우리는 아직 외국에 갚아야 할 빚이 많습니다.

　그런 형편에 정부가 국민의 세금으로 빈곤층을 돕는 데에만 써도 될까요.

　2000년 김 전 대통령은 전년도에 걷어들인 세금 가운데 쓰고 남은 부분을 빈곤층 해소에 쓰겠다고 말한 뒤에 일부 전문가층에서 심한 비판을 받은 적이 있습니다.

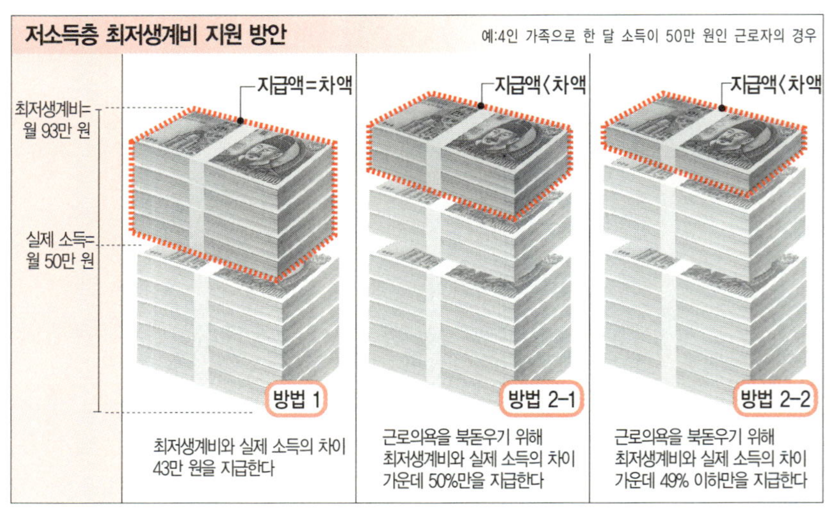

그렇게 남는 돈이 있으면 달러로 바꾸어 나라빚부터 먼저 갚아야 한다는 여론이었지요.

2002년 빈곤층에게 지원될 국가 예산은 3조 3800억 원으로 지방자치단체의 지원금을 포함하면 4조 원을 웃돌고 있습니다. 이 엄청난 돈을 우선 나라빚 갚는 데 쓰자는 경제 전문가들이 늘고 있어요.

요즘 일부에서는 빈곤층 퇴치 문제와 관련해 "기업이 벌어들인 돈 중에서 일정 금액을 가난한 사람 지원에 쓰자"는 의견도 나오고 있지요.

여기에도 다른 의견이 많습니다.

여러분이 기업의 사장이라면 힘들여 번 돈을 강제로 남에게 떼어주고 싶겠습니까. 그런 계획을 강행할 경우 기업인들의 사기가 떨어질 수도 있습니다.

기업 입장에서는 열심히 사업해서 돈을 많이 벌어 새로운 투자를 하고 일자리를 늘려 가난한 사람들에게 직장을 주고 싶을 테니까요. 여러분은 어떻게 생각하세요.

경기 서서히 식지 않고
갑자기 나빠지는 거예요

요즘 들어 미국 경제가 위기인지 아닌지를 놓고 말들이 많습니다.

강산이 변한다는 10년 동안 심한 불경기를 한차례도 겪지 않은 미국 경제가 2000년 하반기부터 삐걱거리고 있기 때문입니다.

특히 미국의 현 상황이 '경착륙'이냐 '연착륙'이냐를 놓고 논란이 분분합니다.

미국 경제가 경착륙(불시착)할 경우 미국과 관련이 깊은 우리 경제도 엄청난 충격을 받을 수밖에 없기 때문에 벌써부터 걱정이 태산입니다.

그런데 잠깐, 경제가 무슨 비행기라도 되나요. 경제가 착륙한다는 게 도대체 무슨 말일까요. 경제가 경착륙한다는 말은 무슨 뜻이고, 어떤 어려움을 가져올까요.

✳ 경착륙과 연착륙

경착륙(硬着陸)은 문자 그대로 비행기가 활주로에 부닥쳐 부서질 정도로 거칠게 착륙한다는 뜻입니다. 반대로 연착륙(軟着陸)은 부드럽게 내려앉는다는 뜻이지요. 각각 영어의 'hard-landing'과 'soft-landing'에서 따온 말입니다.

기체가 활주로에 닿을 때 덜컹덜컹 심하게 흔들리는 것을 좋아할 사람은 아무도 없습니다.

경제도 마찬가지랍니다. 비행기가 적정한 속도로 하강해 사뿐히 내려앉듯 경기가 나빠지더라도 충격이 덜하다면 소비자·기업·정부 모두에게 좋지 않겠어요.

반대로 엔진이 고장이라도 일으켜 기체가 비상 착륙하는 식으로 경기가 급속히 나빠지면 경제 주체들은 몸고생·마음고생을 하게 마련이지요.

경착륙이 심하면 경제 위기가 생깁니다. 우리에겐 외환 위기, 세계적으론 1930년대 대공황이 대표적 사례라고 하겠습니다.

✱ 경기는 이·착륙을 거듭한다

경기에 착륙이 있다면 당연히 이륙(離陸)도 있겠지요. 경제는 흔히 네 가지 국면을 반복하면서 성장한다고 합니다. ▶회복·호황 ▶호황의 정점 ▶침체 ▶바닥이 그것입니다. 비행기로 치면 ▶이륙과 상승 ▶최고도(最高度) 비행 ▶하강 ▶착륙쯤 되겠지요.

경제학 교과서에선 이를 '경기 변동'이라고 불러요. 경제가 성장하는 과정을 선으로 그린 것이지요. 이 선을 중심으로 뱀처럼 꾸불꾸불한 곡선을 그려나가는 게 바로 경기 변동입니다.

선진국처럼 시장경제의 틀이 잡힌 나라에서는 경기가 호황에서 바닥까지 한 주기를 도는 데 대체로 3~5년 걸립니다.

경기 변동은 경제 생활과 밀접하기 때문에 학자들의 주요 연구 대상이 돼왔어요. 그래서 그 원인을 설명하는 이론도 분분하지요. 하지만 대다수 학자들이 이의를 달지 않는 부분이 있습니다. 좀 어려운 얘길지 모르지만 돈과 실물의 변화가 경기 변동을 일으킨다는 것이지요.

실물의 변화란 기술이 발전하고 기업이 투자하고 원자재 가격이 변화하는 것 등을 말합니다.

시중에 깔린 돈의 양이 변해도 경기 변동을 가져오지요. 중앙은행이 돈을 풀었다 거둬들였다 하는 일이 대표적인 경우입니다.

요즘에는 해외 요인도 경기 변동에 큰 영향을 미친답니다. 우리처럼 수출을 많이 하고 원자재를 많이 수입하는 나라는 특히 심하지요. 증권시장도 그래요.

뉴욕 나스닥 시장의 주가가 떨어지면 다른 나라 증시도 추위를 탑니다. 통상 3~5년을 주기로 순환했던 한국 경제가 외환 위기 이후 호황 국면 2년 만에 다시 침체에 빠진 것도 해외 요인의 영향이 컸다고 해요.

이처럼 경기 변동은 어쩔 수 없이 일어납니다. 하지만 여러 정책을 동원해 그 진폭을 줄일 수 있습니다. 이를 얼마나 잘하느냐에 따라 유능한 정부인지 무능한 정부인지 판가름나는 것이지요.

세계 경제에서 22%의 비중을 차지하고 있는 미국 경제의 경착륙 여부에 우리나라는 물론 전세계가 주목하는 이유를 이제 조금씩 알 것 같은가요?

✱ 경착륙의 기준은

그러면 경착륙 여부를 판단하는 기준은 뭘까요. 사실 매우 어려운 문제입니다. 비행기와 달리 경제의 비상 착륙은 눈에 안 보이기 때문에 성장률·물가· 실업 등 '거시 지표'라는 딱딱한 숫자들을 분석해야 한답니다.

일단 피부로 느낄 수 있는 공통점은 실업이 늘고 재산 가치가 떨어지고 증권

시장이 침체하는 현상이 뒤따른다는 것이지요. 기업과 가계는 앞날이 불투명하니까 투자와 소비를 크게 줄이겠지요.

경착륙 여부를 좀더 엄밀하게 따지는 방법은 그 나라의 실제 성장률이 잠재 성장률에서 얼마나 벗어났는지를 보는 것입니다. 잠재 성장률이란 그 나라의 능력을 종합할 때 정상적으로 성장할 수 있는 수준을 말합니다. 이 수준을 심하게 밑돌면 경착륙이라고 한답니다.

우리 정부는 2001년을 기준으로 미국의 잠재 성장률을 4%대로 파악하고 있어요.

그래서 미국의 연간 성장률이 2% 이하로 떨어지면 경착륙의 가능성이 크다고 봅니다.

돈도 돈이지만 나라 신용 올라가죠

2002년 6월 열린 2002 한일월드컵을 즐겁게 보셨죠? 월드컵은 올림픽 다음으로 세계인의 축제라 불리는 축구 대회죠.

월드컵은 4년에 한 번 세계 32개국의 축구 선수들이 50억 인구가 지켜보는 가운데 각축을 벌이는 대회지요. 아버지나 삼촌이 밤새워 TV를 보면서 열광하던 일을 아마 기억할 거예요. 그런데 월드컵의 뒷면에선 스포츠 열기 이상으로 뜨거운 경제 현상이 벌어졌답니다.

✱ 눈에 보이는 경제 효과

정부가 세운 연구기관인 한국개발연구원(KDI)에 따르면 월드컵의 경제 효과는 생산 유발 효과가 7조 9961억 원, 고용 창출 효과는 24만 5338명에 이릅니다. 조금 어렵죠? 차분히 따라 읽어보세요.

생산 유발 효과란 월드컵 경기장을 짓고 호텔 등 숙박 시설을 만들 때 여기에 필요한 시멘트 · 철근 등 각종 원료를 더 많이 생산해야 하는 것 등을 가리키는 말입니다.

2002 월드컵 조직위원회에 따르면 경기장 · 숙박 시설 등 월드컵 경기에 직접 필요한 시설을 짓고 이를 운영하기 위해 쏟아 붓는 돈(투자 지출)이 1조 6000여 억 원, 외국인 관광객이 우리나라에 들어와 쓰는 돈과 대회 조직위원회가 운영에 쓰는 돈(소비 지출)이 7900여 억 원입니다.

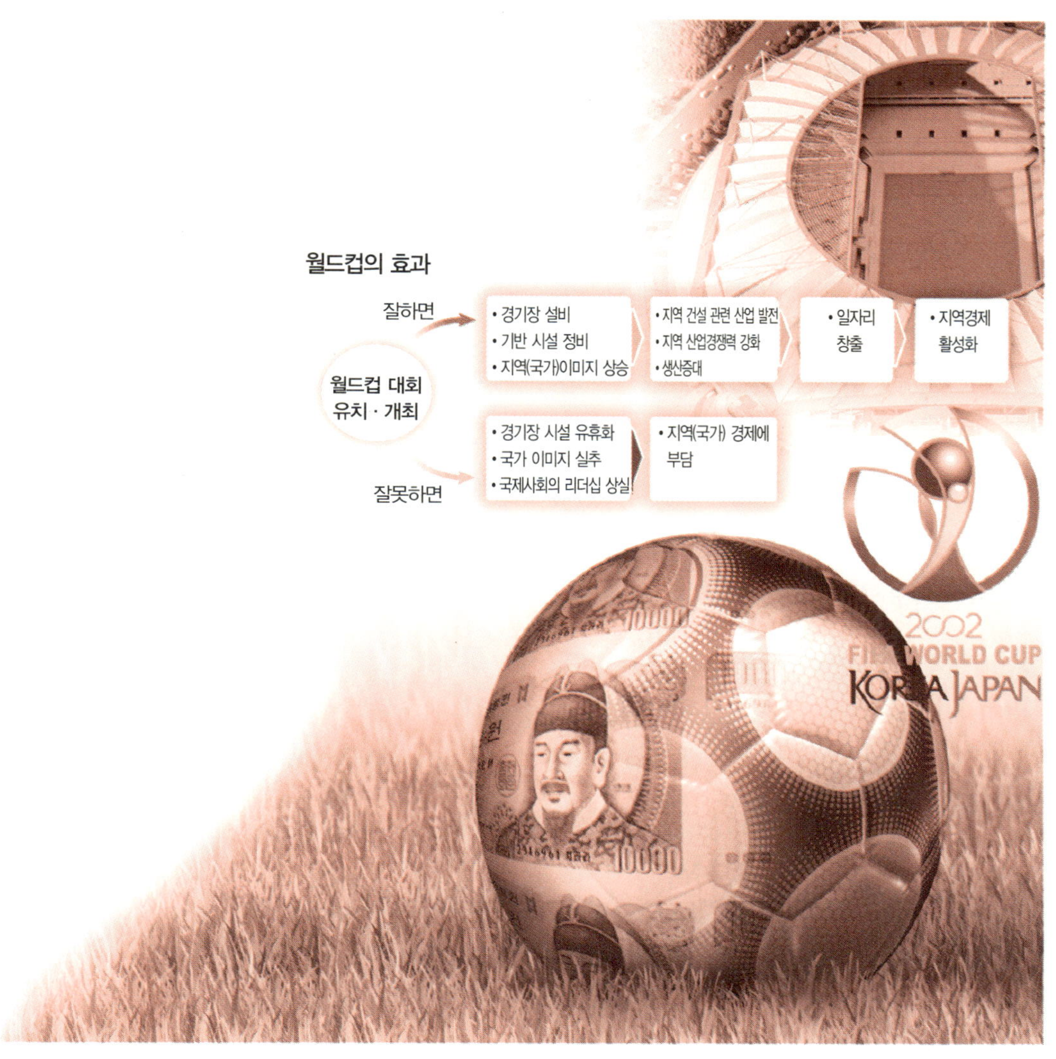

생산 유발 효과는 이같이 쏟아 부은 돈(투자 지출 + 소비 지출)의 3.3배가량
인 7조 9961억 원이나 됩니다.

고용 창출 효과란 말 그대로 건설이나 경기 운영에서부터 관련 산업에 이르기까지 월드컵 경기 때문에 새로운 인력이 필요한 정도를 말하는 겁니다.

✱ 돈으로 따질 수 없는 효과

앞에서 말한 것은 돈으로 따질 수 있는 성격이지요. 돈으로 환산할 수 없는 가치는 더욱 커요. 물론 대회를 잘 치렀을 때의 이야기입니다.

축구 경기장 가장자리에 옆으로 길쭉하게 있는 광고 간판을 본 적이 있지요? 축구 경기 중계 때 하는 TV 광고도 물론 있고요. 전세계인이 지켜보는 TV를 통해 우리 기업과 도시, 국민을 홍보하는 효과는 돈으로 환산하기 어려울 정도입니다. 각국이 월드컵 대회를 유치하려고 경쟁하는 가장 큰 이유가 바로 이것이랍니다.

월드컵을 통해 전 국민의 마음이 하나가 되는 효과도 빼놓을 수 없지요. 우리나라 선수가 골을 터뜨리면 동네 곳곳에서 함성이 터지는 것을 보고 들었을 겁니다.

월드컵의 경제 효과에 대한 글을 쓴 한국개발연구원의 장준경 박사는 "경제 위기 이후 추락했던 우리나라의 신용을 다시 끌어올릴 수 있는 계기"라며 "더불어 지금과 같은 경제적 어려움 속에서 대회를 준비함으로써 국민 재결속의 계기를 가질 수 있다"고 말했습니다.

월드컵을 성공적으로 개최해 잘 마무리하면 국제사회에서 정치·외교적 지위가 향상돼 결국 우리 기업들이 수출을 더 많이 할 수 있게 된다는 얘기지요.

아무튼 이 같은 유·무형의 경제적 효과 때문에 세계의 각 국가와 도시는 월드컵 경기를 유치하려고, 기업들은 후원사가 되려고 필사적으로 경쟁한답니다.

하지만 국제축구연맹(FIFA) 규정상 한 분야에는 한 업체만 공식 후원사가 될 수 있습니다. 예를 들어 스포츠웨어 분야에서는 아디다스가 계속 후원사를 맡고 있지요. 이 때문에 코카콜라·맥도널드·마스터카드·버드와이저 같은 세계 초일류 기업만이 공식 후원사가 될 수 있습니다.

2002년 월드컵은 우리나라와 일본이 공동 주최하기 때문에 다행히 우리나라 현대자동차와 KT(옛 한국통신)가 처음 공식 후원사가 됐습니다. 후원사가 되면 축구장 광고뿐 아니라 월드컵 이름을 딴 상품, 관련 이벤트 등을 통한 마케팅을 할 수 있어 홍보 효과가 매우 큽니다.

현대자동차 수출판촉팀의 관계자는 "유로2000 후원에는 2000만달러를 투자해 7억 달러의 광고 효과를 봤다"며 "월드컵은 서너 배 이상의 효과가 있을 것"이라고 말했습니다.

우리나라에서는 6개 업체가 공식 공급업체라는 형태로 후원할 수 있었습니다. 물론 각종 홍보와 마케팅을 국내로 한정하는 것입니다.

이마저도 선정되지 못한 업체들은 '월드컵 특수'에 한몫 끼기 위해 갖은 편법으로 월드컵 관련 이벤트 등 마케팅 활동을 벌였습니다.

2006년이면 우리도 물 모자라요

‘물 쓰듯이 쓴다’ 라고 하면 헤프게 쓴다는 뜻이지요?

그러나 실제로 물을 헤프게 쓰다간 큰일납니다. 물은 무한정 쓸 수 있는 자원이 아닐뿐더러 우리가 마시기 위한 물을 만드는 데는 많은 비용이 필요합니다.

예를 들어 소양강 댐에 가둔 물을 돈으로 따지면 톤당 25.54원(한국수자원공사 자료)이랍니다. 소양강의 총 담수 능력을 29억 톤으로 추정해 계산하면 740억 6600만 원어치의 물을 담아두고 있는 셈입니다.

또 이 댐의 물을 우리가 사용할 수 있는 수돗물로 만드는 데는 톤당 원가의 열 배에 가까운 226원씩이나 듭니다.

이렇게 수돗물을 만드는 데 돈이 많이 들지만 실제로 우리가 내는 수돗물 값은 생산비의 70~80% 정도입니다. 나머지는 국민의 세금으로 메우고 있지요.

생산 원가도 못 건지는 손해를 보면서 각 가정에 물을 보내는 것은 물이 공기와 같이 사람이 살아가는 데 꼭 필요한 자원이기 때문입니다. 다른 물건처럼 만드는 값을 다 받기 어렵다고 생각하는 것이지요.

한편 우리나라는 국민 생활 수준이 높아지면서 수세식 변기의 보급이 늘어나고, 목욕탕을 갖춘 집들이 늘어나 물의 사용량도 계속 늘고 있습니다.

우리나라 1인당 생활용수 사용량은 하루 395리터로 조사됐습니다.

우리나라의 연간 강수량은 세계 평균보다 많지만 인구밀도가 높아서 1인당 사용 가능한 물의 양은 다른 나라보다 아주 적은 편입니다.

또 비가 여름에 한꺼번에 내리고, 지형적으로도 산지가 많아 물이 하천에 머무르는 시간이 짧고 금방 바다로 흘러가버리는 불리한 여건입니다.

특히 우리나라는 하천의 물을 이용하는 비율이 57%로 지하수보다는 높기 때문에 조금만 가물어도 물 사정이 나빠집니다. 국제인구행동단체는 한국을 물 부족 국가로 분류하고 있습니다.

건설교통부에 따르면 이제 2006년이면 우리나라도 사용할 수 있는 물이 부족할 것으로 전망하고 있습니다.

물 부족을 해결하기 위한 방법으로는 수요 관리와 공급 관리로 나누어 이야기를 합니다. 수요 관리란 쉽게 말해서 있는 물을 아껴 쓴다는 뜻이고, 공급 관리란 댐을 건설하고 지하수를 개발하는 등 쓸 수 있는 물의 양을 늘려나간다는 의미입니다.

물을 아껴 쓰는 것에도 여러 가지 방법이 있지요. 우선 각자가 물을 아껴 쓰는 것 이외에도 변기나 세면기 등을 절수형으로 바꾸고, 목욕이나 세수 등에 사용해 그렇게 더럽지 않은 물을 재생해서 청소나 변기용으로 사용하는 중수도의 도입 등이 그런 방법입니다.

물의 공급을 늘리는 것은 댐을 건설해 강에서 바다로 흘러가버리는 물을 가두어두었다가 필요시에 쓰는 방법이지요.

우리나라에는 현재 한강 · 낙동강 · 섬진강 등을 비롯해 전국 강이나 하천에 50여 개의 댐이 있어서 생활용수나 농 · 공업 용수 등으로 쓰고 있습니다.

또 물 이용량의 약 11%는 지하수를 뽑아 쓰고 있습니다.

물은 지구상에서 가장 풍부한 자원으로 여겨지지만 사용 가능한 민물은 2.6%에 불과한 3600만 세제곱킬로미터이며 나머지는 모두 바닷물입니다.

또 민물 중에도 68.7%가 빙산·빙하 형태이고 지하수가 30.2%이며 나머지 1.2%만이 호수나 늪, 강 등의 지표수로 대기 중이지요. 이와 같이 우리가 이용할 수 있는 형태로 존재하는 물은 그리 많은 양이 아닌 셈입니다. 따라서 지구촌 곳곳에서는 물로 인한 다툼이 늘 끊이지 않습니다.

1999년 2월 8일부터 5일 동안 스위스 제네바에서 유네스코와 세계기상기구 주관으로 100여 개국 대표들이 모여 세계 물 부족에 대한 대책 회의를 열었습

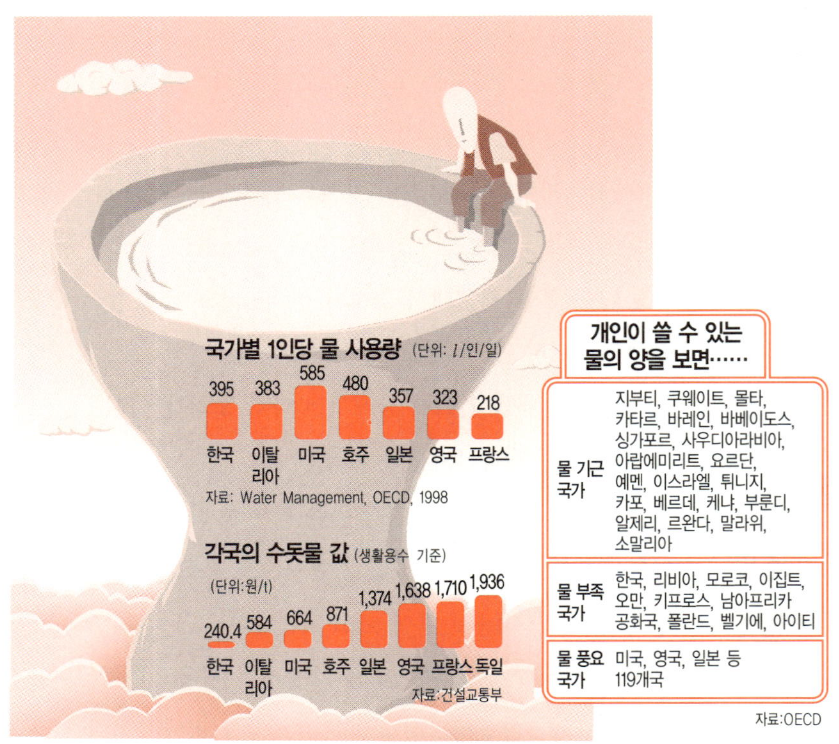

니다.

이날 국제 물회의에서는 앞으로 25년 후에는 중동에서 미국에 이르기까지 전세계 상당수 국가들이 물 부족 사태를 맞게 될 것이라고 예측했습니다.

1999년 전세계 인구는 60억 명을 넘어섰습니다. 1960년 세계 인구가 30억 명이었으니 불과 40년 동안 세계 인구가 두 배가 된 것입니다.

이와 같은 인구 증가로 전세계에서는 각 하천에서 물을 끌어 쓰면서 세계 주요 하천이 말라붙는 추세라고 미국의 월드워치 보고서는 분석하고 있습니다.

이와 같이 하천이 마르면 우리가 쓸 수 있는 물이 부족해지는 것뿐 아니라 물을 사용하는 농업에도 타격을 주게 돼 식량난을 불러올 것으로 우려되는 형편입니다.

중국의 곡창 지대인 북부 평원에서는 지하수면이 매년 1.5미터씩 낮아지고 있어 농민들이 농업용수 마련을 위해 점점 땅을 더 깊이 판다고 합니다.

물은 헤프게 쓸 수 있는 무한한 자원이 아니라 자꾸 메말라가기 때문에 부족한 자원이라는 것을 알아야 합니다. 특히 물이 부족한 국가에 해당하는 우리의 경우 늘 염두에 두어야 할 사실입니다.

집 사고 팔아 돈 벌려는 투기꾼 단속

틴틴 여러분, 의식주(衣食住)란 말을 들어봤죠. 사람이 살아가는 데 기본적으로 갖춰야 할 세 가지로 옷, 먹거리, 집을 말합니다.

이 중 옷과 먹거리는 필요할 때마다 살 수 있어요. 하지만 집은 옷이나 먹거리와 달리 값이 비싸기 때문에 마음대로 장만하는 게 쉽지 않아요.

집이 필요 없는 사람은 없을 테니 모든 사람이 집 한 채씩 갖고 있는 게 가장 좋겠죠. 그러나 우리나라 주택 수는 전체 가구의 96.2%(2000년 말 기준)랍니다. 가구 수는 1000인데, 집은 962채 밖에 없어 나머지 가구는 다른 집에 세들어 살고 있다는 의미입니다. 이것을 주택보급률이라고 하죠.

그나마 서울의 주택보급률은 77.4%에 불과합니다. 서울에서는 22.6%의 가구가 다른 집에 얹혀살고 있는 것이죠.

1990년에는 주택보급률이 전국 72.4%, 서울 57.9%였답니다. 지난 10여 년간 집을 많이 지어 주택보급률이 크게 올라간 것입니다.

집값도 다른 상품과 마찬가지로 사고자 하는 수요와 팔고자 하는 공급이 맞아떨어지는 수준에서 결정됩니다. 그런데 주택보급률이 100%를 밑돌다 보니 수요가 공급보다 많아져 집값이 거의 항상 오르고 있답니다.

주택보급률이 100%를 넘더라도 어느 지역에 집이 많이 있느냐가 중요하겠죠. 전국적으로는 집이 부족하지 않다고 하더라도 많은 사람이 살고 싶어하는 동네에 집이 적으면 그 동네의 집값이 많이 오를 테니까요.

미국·일본 같은 나라의 주택보급률은 100%를 넘지만 뉴욕·도쿄 같은 대도시의 집값이 비싼 것은 이 지역에 살고자 하는 사람이 그만큼 많기 때문입니다. 서울의 집값이 지방보다 비싼 것도 마찬가지 이유에서죠.

80년대 후반 우리나라에 부동산 투기 열풍이 불었답니다. 당시 경기가 좋아지면서 소득이 늘어나자 보다 큰 집, 좋은 집으로 이사가거나 새 집을 마련하려는 사람이 부쩍 늘어났는데, 집은 적었기 때문이죠. 일부 아파트 값은 한 해에 배로 오르기도 했답니다.

집값이 갑자기 껑충 뛰면 많은 사람이 힘들어지겠죠. 큰돈을 가진 사람이나 집을 여러 채 가진 사람은 돈을 벌겠지만 대부분은 새로 집을 마련하거나 조금 넓은 집으로 이사가기가 어려워집니다. 또 집값이 오르면 전셋값도 함께 올라 전세 사는 사람들의 부담이 커집니다.

게다가 집값이나 전셋값이 많이 오르면 봉급 생활자들이 살기가 어려워

져 월급을 더 올려달라고 요구하게 됩니다. 이렇게 임금이 올라가면 기업들이 그만큼 물건 값을 올려야 해 물가가 오르게 되고 해외 시장에 물건을 수출하기도 힘들어집니다.

집값이 많이 오르면 이처럼 경제 전체에 주름살을 가져오므로 정부는 집값이 갑자기 오르지 않도록 신경을 많이 쓰고 있답니다. 집값이 오르는 것을 막으려면 집을 많이 지어야 합니다.

그래서 집값이 뛰면 정부는 주택 공급 물량을 늘리게 됩니다. 80년대 후반 집값이 급등할 때 발표된 게 분당·일산·평촌·중동 등 4개 신도시 건설 계획이었죠.

그러나 집이란 게 며칠 만에 지을 수 있는 것도 아니고, 외국에서 수입할 수 있는 것도 아니잖아요. 집을 지어 가격을 안정시키는 정책이 효과를 보려면 아무래도 시간이 필요합니다.

이때 자주 등장하는 게 국세청의 세무 조사입니다. 그러면 대체 국세청의 세무 조사와 집값은 어떤 관계가 있을까요.

집값은 실제 들어가 살 집을 사겠다는 사람보다는 집을 사고 팔아 돈을 벌겠다는 사람 때문에 오르는 경우가 많아요. 이것을 투기적 가수요라 하고, 이런 식으로 돈을 벌겠다는 사람을 흔히 부동산 투기꾼이라고 하죠.

가수요가 많아지면 집값이 오를 것이라고 생각하는 사람들이 앞다퉈 집을 사겠다고 나서면서 값이 더 오르는 악순환이 빚어집니다.

국세청이 나서는 것은 이 같은 가수요를 잠재우자는 취지에서입니다. 투기꾼들을 세무 조사해 세금을 많이 물리면 가수요가 줄어들고 집값이 안정된다는 것이죠.

투기를 부추기는 부동산 중개 업소도 세무 조사 대상입니다. 이들은 세금을 제대로 내지 않는 경우가 많기 때문에 국세청이 세무 조사를 하겠다고 나서면 움츠러들곤 하죠.

80년대 후반에 국세청은 부동산 투기자들의 명단까지 무더기로 공개했어요.

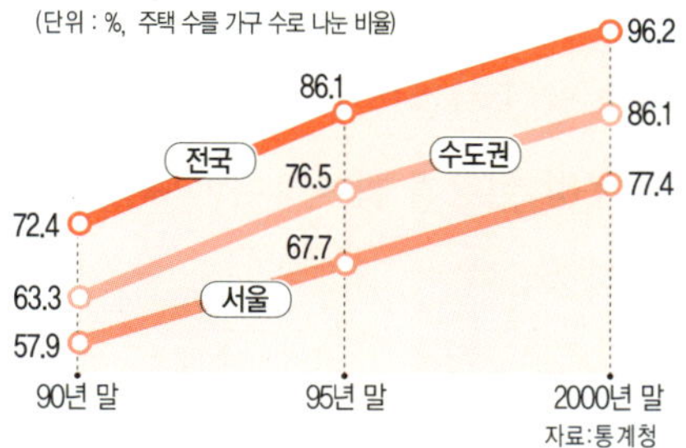

신도시 개발과 국세청의 투기 조사 덕분에 90년대 이후 일부 지역을 제외하곤 부동산 투기가 잠잠해졌습니다. 외환 위기 직후엔 경기가 나빠 집값이 오히려 떨어지기도 했어요.

그러다가 2001년부터 다시 서울 강남 지역을 중심으로 아파트 값이 많이 올라 문제가 되고 있답니다.

그래서 정부는 2002년 들어서자마자 부동산 안정 대책을 내놓았죠. 내용은 전과 마찬가지로 주택 공급을 늘리면서 투기자에 대한 세무 조사를 하겠다는 것이죠.

80년대 후반에 서울의 집값 상승을 막기 위해 수도권에 신도시를 지었던 것처럼 2002년에는 서울 인근 11곳의 그린벨트에 아파트 10만 채를 짓겠다는 대책도 포함되었습니다. 그린벨트란 녹지 공간을 보존하기 위해 개발을 제한한 곳인데, 여기에 아파트를 지어 강남으로 몰리는 사람을 이쪽으로 유인해보자는 것이지요.

예나 다름없이 국세청 세무 조사는 가수요를 막기 위한 조치입니다. 아파트 분양권을 팔거나 재건축 소문이 나돈 아파트를 산 지 1년 이내에 팔아서 많은 이익을 남긴 사람들에게 세금을 물리겠다고 합니다. 부동산 중개업소, 특히 아파트 분양 현장을 돌아다니며 복덕방 역할을 하는 이른바 '떴다방'에 대한 조사도 하겠답니다.

또 강남 지역에 값이 많이 오른 아파트들의 기준 시가를 수시로 조정해 세금을 더 물리는 방안도 포함돼 있습니다.

80년대 집값 상승과 21세기의 집값 상승이 다소 다른 모습을 나타내고 있는 만큼 새로운 대책도 있었죠.

서울 강남 지역의 오래된 아파트들이 재건축에 나서면서 집값이 오른 측면도 있거든요. 또 유명 학원이 강남 지역에 몰려 있어 강남으로 옮기려는 학부모들이 많은 점도 집값 상승의 한 원인이랍니다.

때문에 강남 지역 재건축 일정을 조정하고, 유명 학원을 분산시키는 대책도 추진 중입니다.

특히 국세청은 유명 학원들이 강남 지역 아닌 다른 곳으로 분산될 수 있도록 학원에 대한 세무 조사까지 하겠다고 했습니다. 학원 대책에도 국세청이 동원되는 셈이죠.

이런 대책들이 얼마나 효과를 거둘지는 아직 모릅니다. 어떤 사람들은 정부가 집값 대책을 미리미리 세우지 못하고 걸핏하면 국세청의 세무 조사를 동원한다고 비판하기도 합니다.

알파벳 모양 따라 회복 빠르면 V,
느리면 U로

경기는 언제부터 확 좋아질까요. 이미 좋아지기 시작했다는 사람도 있고 아직 멀었다고 하는 사람도 있답니다. 이런 얘기를 하면서 경기가 "V자형일 것이다, U자형일 것이다"라고 하는 것을 들어봤죠? L자형이나 W자형이라는 말도 사용됩니다.

경기의 움직임을 말할 때 자주 등장하는 알파벳 V·U·L·W의 의미를 알아봅시다.

✱ V·U자형이 바람직

얼마 전 재정경제부 고위 당국자는 미국 경제가 1분기에 바닥을 치고 2분기부터 상승 국면에 들어갈 것이란 관측이 대세라면서 우리 경제의 모습이 V자일지 U자일지 모르지만 V자가 되기를 바란다고 말했어요.

V자형이니 U자형이니 하는 말은 복잡한 경기 예측을 글자의 모양에 빗대어 쉽게 설명하기 위해 전문가들이 쓰는 용어랍니다.

우리나라 경제를 잘 설명해준 유형은 그동안 V자형이었어요. 글자 모양이 아래로 내려가자마자 곧바로 다시 위로 올라가는 것처럼, 경기가 나빠졌다가 빠르게 좋아지는 것이죠.

우리나라 사람들이 외국의 음식점에 가서 '빨리빨리'를 외친다고 하는데,

우리 경기가 그 성미를 닮았다고 지적하는 이도 있답니다.

그렇지만 요즘엔 좀 달라졌죠. IMF 때 고생을 해서 체질이 바뀐 탓도 있습니다. 2000년 말 나빠지기 시작한 경제가 V자형으로 회복될 것이라고 내다보는 전문가는 많지 않았어요.

특히 2001년 9월 미국에서 테러 사건이 터지면서 V자형의 빠른 회복세에 대한 기대가 줄었답니다. 또 V자형으로 회복되려면 경제의 덩치가 크지 않아야 하는데 우리 경제의 덩치가 이젠 너무 커져서 쉽지 않다는 의견도 있어요.

V자형이 아니라면 U자형을 기대해볼 수 있습니다. U자는 V자보다 밑바닥이 좀 길죠. U자형은 상당 기간 밑바닥을 다진 뒤 회복되는 유형입니다. 지난해 4분기부터 경제연구소들이 올해 경제성장률 전망치를 높이면서 대체로 U자형의 경기 회복을 점쳤답니다.

2000년 말부터 나빠지기 시작한 우리 경제가 지난해 3분기나 4분기께 바닥을 쳤다고 보는 사람이 많아요. 따라서 경기가 1분기나 2분기께 본격적으로 회복된다면 V자형이라고 할 수 있고, 3분기부터 좋아진다면 U자형이라고 할 수 있습니다.

✱ 일본처럼 L자형이 돼서는 곤란

V자형·U자형이 무엇인지 감을 잡았으니 L자형의 의미도 대충 짐작할 수 있겠죠. L자의 바닥이 긴 것처럼 좋지 않은 경기 상태가 계속되는 것을 뜻합니다.

경제 대국인 일본의 경제는 1980년대 말까지 호황을 누렸는데, 90년대 들어서부터 10년 넘게 바닥을 헤매고 있답니다. 전형적인 L자형이지요. 일본 경제

는 아직도 탈출구를 찾지 못하고 있
어요.

일본에서는 경제가 나빠지면서
자살하는 사람이 늘었는데, 한때는
하루 평균 100명 정도가 자살했다
고 합니다. 한번 빠지면 헤어나오기
힘들고 많은 사람이 불행해지는 것
이 L자형의 경기인 만큼 우리 경제
가 일본의 뒤를 따라가면 절대 안
되겠지요.

요즘엔 바나나형이란 말도 나오
고 있습니다. 진념 전 부총리 겸 재
정경제부 장관이 한 방송사의 토론
회에서 "경기 회복은 바나나형이 될
것으로 본다"고 말하면서 유행하기
시작했답니다. 마치 바나나를 뉘어
놓은 것처럼 회복세가 V자형만큼
빠르지는 않지만 U자형보다는 빠를
것이라는 의미입니다.

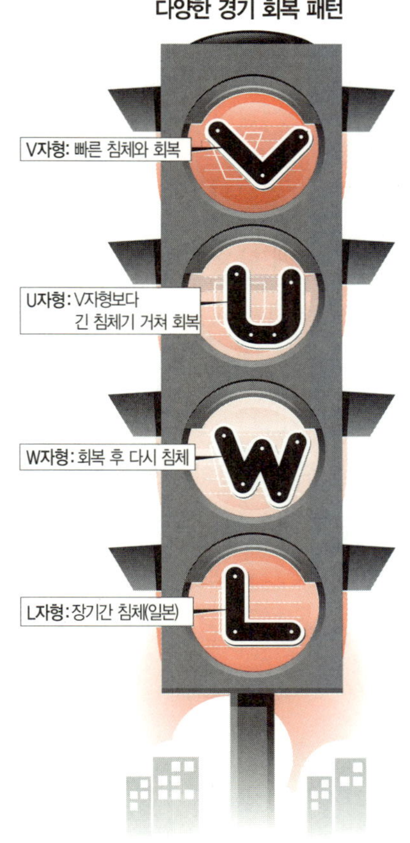

경기가 좋아졌다가 다시 내려앉는다면 W자형이 되겠지요. 바닥을 두 번 치
는 것이죠. W자형은 '더블 딥'이라고도 하는데, 이는 두 번(double) 떨어진다
(dip)는 뜻입니다.

경기가 침체 국면에서 회복할 조짐을 보이다가 다시 침체 국면으로 빠져드는 현상을 말합니다. 80년대 미국 경제를 말할 때 이 용어를 자주 썼답니다.

＊ 미국 경기가 관건

경기란 게 항상 호황을 나타내면 좋을 것이고, 그렇다면 이런 복잡한 설명도 필요 없을 텐데 왜 이렇게 좋았다 나빠졌다 할까요.

경기순환론 같은 이론을 인용하지 않더라도, 서구의 변증법이나 동양의 음양오행론이 오래 전부터 '변하지 않는 것은 없다'고 한 것처럼 경제도 끝없이 변하는 주변 여건의 영향을 받기 때문이죠.

삼성경제연구소는 2000년 말에 '위기(Crisis)→반응(Response)→회복(Improvement)→자만(Complacency)'의 첫 글자들을 딴 CRIC 과정으로 한국 경제의 오르내림을 분석하는 보고서를 낸 적이 있습니다.

1997년 외환 위기를 겪은 뒤 부실 은행 퇴출 등 구조조정에 매진해 1998년 하반기부터 회복했으나 자만에 빠져 다시 주저앉았다는 것이죠.

그렇다면 지금은 자만을 반성하며 구조조정을 통해 밑바닥을 다시 다진 데 힘입어 회복기를 맞고 있는 셈입니다. 이처럼 사람들의 마음에 따라 경기가 움직인다고 볼 수도 있답니다.

우리나라는 수출을 많이 하므로 미국 등 세계 경제의 영향을 많이 받겠지요. 미국 경기가 좋아 우리의 수출이 잘되면 물건을 많이 만들어내야 하므로 일하는 사람이 늘겠지요.

돈벌이가 좋아진 사람들은 옷가지 등 물건을 더 사려 할 것이고 공장은 더

활기차게 돌아갈 겁니다. 그러므로 경기가 괜찮아지는 것이죠.

우리나라 경기를 이야기하면서 미국 경제가 관건이라고 말하는 것은 미국이 가장 큰 수출시장이기 때문입니다. 여기에 반도체 값이 오르고 건설 경기가 좋아지며 대기업이 부도나는 일도 더 이상 없다면 우리나라 경기가 빠르게 좋아질 것이라고 기대할 만하죠.

그래도 우리 경제에 대해 L자형이나 W자형으로 점치는 사람은 거의 없고 대부분 V자형이냐, U자형이냐를 놓고 논란을 벌이는 상황이니 다행입니다.

이번에 경기가 회복되면서 10년 정도 장기 호황을 누린다면 어떨까요. 그동안 우리 경제는 3년 정도를 주기로 해서 좋아졌다 나빠졌다 했는데, 80년대 일본이나 90년대 미국처럼 10년 이상 호황을 누렸으면 좋겠습니다.